尽 善 尽 美  弗 求 弗 迪

全员精益文化

员益化全精文

用持续改善定义一流执行力

中国制造专精特新管理升级丛书

占必考 著

电子工业出版社.

Publishing House of Electronics Industry

北京·BEIJING

内 容 简 介

任何企业在经营管理过程中都会面临诸多问题，需要持续改善。改善的关键不在于复杂的技术和昂贵的设备，只要企业建立全员精益文化，促使全员能够在改善理念的指导下，熟练应用各种有效的改善方法，便能较容易地解决企业的积弊，进而获得高质量的发展，让企业迸发出生生不息的生命力。

本书从改善的必要性出发，分别阐释了改善责任、改善起点、改善行动力、改善方法、改善现场、协同改善、全面改善等改善活动中极为重要、极受人们关注的七大主题，同时通过大量的改善实例将改善理念娓娓道来，并将改善中可能涉及的问题以及针对问题的解决方法、工具等依次呈现在读者面前。

图书在版编目（CIP）数据

全员精益文化：用持续改善定义一流执行力 / 占必考著. —北京：电子工业出版社，2022.8
（中国制造专精特新管理升级丛书）
ISBN 978-7-121-43698-7

Ⅰ.①全… Ⅱ.①占… Ⅲ.①制造工业－精益生产－工业企业管理－生产管理－研究－中国
Ⅳ.① F426.4

中国版本图书馆 CIP 数据核字（2022）第 097176 号

责任编辑：杨　雯
印　　刷：三河市鑫金马印装有限公司
装　　订：三河市鑫金马印装有限公司
出版发行：电子工业出版社
　　　　　北京市海淀区万寿路 173 信箱　　邮编：100036
开　　本：720×1000　1/16　印张：14.5　　字数：215 千字
版　　次：2022 年 8 月第 1 版
印　　次：2022 年 8 月第 1 次印刷
定　　价：65.00 元

"专精特新"从精细管理入手

刘九如

习近平总书记2021年7月主持中共中央政治局会议分析研究当前经济形势、部署下半年经济工作时，提出要"发展专精特新中小企业"。由此，工业和信息化部发布规划，明确"十四五"期间，将重点培育孵化带动百万家创新型中小企业、培育10万家省级专精特新企业、1万家专精特新"小巨人"企业。

所谓专精特新"小巨人"，是指专业化、精细化、特色化、新颖化的中小企业，是既专注于制造业各领域细分市场，又在质量、品牌、技术、创新和市场占有率方面有突出表现，真正做到质量创新能力强、市场占有率高、掌握关键核心技术、质量效益优的行业"排头兵"。因此，经济效益好、专注细分专业领域、具备较强的创新能力和优秀的企业管理是专精特新"小巨人"推荐评选的基本条件。截至2021年7月底，工业和信息化部评选发布了三批专精特新"小巨人"企业，共计4762家。

中国是制造大国，制造业由大变强，是新阶段制造业高质量发展的主要任务。目前，我国制造业原创产品少、高端产品少、专利产品少，在工业软件、航空发动机、芯片、农业机械等方面与先进国家差距较大，在传感器、实验精密设备、高压柱塞泵、高端电容电阻、高端轴承钢、精密抛光等专业制造领域仍被部分国外产品垄断。化解这些难题，不能仅靠大企业和科研机构，也不能靠规模化或举国体制，有效的解决办法，就是在量大面广的中小制造业企业中培育专精特新"小巨人"企业。

培育专精特新，首要的就是鼓励创新。创新是专精特新的灵魂，是其最鲜明的特色。我国经济发展到今天，科技创新既是发展问题，更是生存问题。工业和信息化部的相关统计数据显示，现有专精特新"小巨人"企业平均研发强度为 6.4%，平均拥有发明专利近 12 项。这些企业长期深耕细分市场，创新实力强、市场占有率高、掌握核心技术，处于产业链供应链的关键环节，对补链强链、解决"卡脖子"难题等具有重要支撑作用。

此外，培育专精特新"小巨人"要从精细管理入手。精细精益化运营和数字化管理既是创新的基本前提，也是"小巨人"脱颖而出的关键。建立精细化管理思维，帮助企业在经营管理中建立精细高效的制度、流程和体系，实现生产精细化、管理精细化、服务精细化，真正向专精特新迈进，需要企业自身建立标准，树立标杆，不断强化质量基础，提高资源利用效率，化解管理粗放问题；同时也需要借鉴众多成功企业的经验，对标自身短板，持续改进提升。

"中国制造专精特新管理升级丛书"集合了华为、三星、海尔、三一重工、富士康等知名企业中高管的管理经验，遵循制造企业转型升级的成长逻辑，从"夯实基础管理—推进精益管理—走向智能制造"三个阶段，多层面、多维度地解构了制造企业转型升级的关键要点，为专精特新"小巨人"的培育提供了良好参照。

第一阶段，夯实基础管理。围绕工作现场生产要素的有效管理、质量控制和管理、"五星"班组建设等基础管理问题，精心策划实操性强、实效性高的研究课题，帮助企业系统掌握做好现场管理、质量管理、班组建设的方法和工具，筑牢制造企业转型升级的基石。

第二阶段，推进精益管理。围绕打造理性组织，将精益理念、改善理念与流程和管理体系建设方法、工具等有机融合在一起，帮助企业快速习得精益管理、组织理性建设的具体实践方法，以之作为制造企业转型升级的系统保障。

第三阶段，走向智能制造。围绕推进信息技术与制造技术深度融合，强化供应链管理能力，持续普及供应链管理和精益智能制造的前沿理念与先进方法，引导企业加快构建智能制造发展生态，全面实现高质量发展。

本套丛书即将出版的《6S 精益管理》《精益质量管理》《全员精益文化》《激发一线活力》《流程赋能》《智能制造落地》《精益采购与供应商管理》等书籍，涵盖了制造企业管理的方方面面，对于培育专精特新"小巨人"、助力制造企业转型升级有重要的指导作用，其中的思想智慧、方式方法，值得广大制造企业经营者、管理者深度学习与借鉴。（本序作者系电子工业出版社有限公司总编辑兼华信研究院院长、工业和信息化部电子科技委产业政策组副组长）

2021 年 3 月，中华人民共和国国务院新闻办公室举行工业和信息化发展情况新闻发布会，会上指出 2020 年我国工业增加值由 23.5 万亿元增加到 31.3 万亿元，连续 11 年成为世界最大的制造业国家。制造业的突飞猛进，是中国改革开放 40 多年的重要成果。在改革开放 40 多年的发展进程中，我国涌现出华为、海尔、美的、格力、大疆、福耀等优秀企业，它们走出国门，成为世界知名品牌，用行动打造了"中国制造"的闪亮名片。回顾这些优秀企业的成长之路，"改善"一词道尽了它们从激烈的市场竞争中突围的精魂，它们在不断改善中走出国门、走向世界。

任何企业在从无到有、从有到强的发展中，都会遇到这样或那样的问题。然而优秀企业总能不断做大做强，有的企业却因为质量问题、创新问题、管理问题等滑向人们的视野之外。一个重要的原因是，优秀的企业视问题为改善的机会，它们在一次次改善中获得成长，而那些经营不善的企业大多漠视或逃避问题，甚至视问题为投机的机会。也有一些企业经营者或管理者虽有改善之心，但无改善之意志，他们在现实面前表现出种种无助或无奈，最终使企业陷入泥潭之中。

历史的车轮滚滚向前，当前世界面临着百年未有之大变局，国际政治、经济、科技、文化、安全格局都在经历深刻调整，各行各业都在面临产业升级、消费升级、技术革命等重大的挑战和机遇，"中国制造"也面临升级为"中国创造"和"中国智造"的历史考验。毫无疑问，我们将会迎来一个新的未来。但这个未来属于谁？哪些企业能安然无恙地屹立于全球竞争中？哪些企业能成为"黑马"？哪些企业会逐步被边缘化，失去市场的适应力？这些问题没有现成的答案，需要企业自己去探索。

在一个多变的时期，企业要做很多工作才能避免被边缘化。其中，如何做好自身的改善工作，快速提升市场竞争力是所有企业面临的重要课题。持续改善不只是一个简单的口号，它更需要落实到企业的生产经营、管理实践活动的细节中去。而这就要求在企业内部建立一种持续改善的精益文化，使每个人都自觉地承认问题的存在，认真地观察和思考，不断地否定现状和寻求更高的管理水平，并掌握改善活动推行的能力。这是一个非常重要的动态过程，如果人们学不会改善，那么企业也难做到基业长青。

为了给企业改善的具体实施提供尽可能多的参考，我和我的团队策划了本书。我从事精益生产管理与咨询工作多年，在企业精益文化塑造、精益现场革新、精益管理、智能制造等方面拥有丰富的企业实践和项目操作经验。

在本书中，我们将阐释改善的基本理念，细致地描述在那些知名企业中发生的改善事例，使读者能够在阅读过程中深刻认识到改善的重要性，发现改善的规律性，从而建立起持续改善的理念。"唯晓事成之规律，方持不灭改善心"，唯有秉持持续改善的理念，企业才会更认真地研究事物发展的规律，不断寻求改善的机会和途径，进而在企业内部塑造全员精益的文化氛围。同时，我们还会将改善理念与改善方法、工具等有机融合在一起，帮助读者在掌握了改善理念后，快速地习得改善的具体实践方法。

衷心希望本书能对读者有所启发，并能够提供切实有效的帮助。当然，我们自知水平有限，书中难免存在需要进一步推敲的观点和见解，希望读者不吝赐教，提出宝贵的意见和建议。

当下是未来的序幕，企业今天的努力将决定自己的未来。我们满怀希望——我们希望中国的每一个企业都能够在剧变的经营环境中通过持续改善而安然无恙，并找到自己的产业坐标。

谨此，与读者和管理同人共勉！

占必考

推荐序

前言

第 1 章

精益就是持续改善

第 2 章

改善是每个人的责任

第 3 章

改善要从重视问题开始

第 4 章

改善要不找任何借口

第 5 章

改善要用好的方法切入

第 6 章

改善要现场问题现场解决

第 7 章

改善要应用协同作业模式

第 8 章
改善要实现企业的
全面进步

第1章
精益就是持续改善

随着新一轮科技革命和产业变革的不断深入，全球科技和产业竞争日趋激烈，各行各业都在积极寻求变革，以应对快速变化的市场环境。所谓"变则生，不变则死"，企业必须构建精益文化，在持续改善中激发发展的活力，最终实现基业长青。

没有最好，只有更好

《诗经》中说："如切如磋，如琢如磨。"宋代理学家朱熹对此的解释是："言治骨角者，既切之而复磋之；治玉石者，既琢之而复磨之；治之已精，而益求其精也。"这告诉我们，不管做人还是做事，都要精益求精。引申到企业的精益管理中也同样适用。

敢于挑战，精益求精

伏尔泰曾说："伟大的事业需要矢志不渝的精神。"企图成功者应具备超越自我的能力。对于一家企业来说，想要追求卓越，就必须具备敢于挑战的勇气，让全体员工树立精益求精的精神，在工作中主动挑战、持续进步。

为了激励员工不断挑战更高的产能目标，三星电子设置了两种个人产能目标管理的方式，一是基准评价值UPH；二是生产向上率，也就是核定超过基准值的量，每超过1个定量就给予更高的奖励。

在这种管理模式下，员工实际产能几乎每日都有突破，当设定目标基准为每小时80台时，大多数员工一个月后都会超过这个基准，达到100台。当管理者认为100台是最好的效率时，员工通过讨论、沟通、求助技术员等方式，会在1个月之后将成果变成119台。

此外，生产向上率的提高，在三星电子似乎没有止境。每当管理者以为达到最好的时候，就有员工突破这个记录。所以在三星集团有一个月度奖项，叫作"吉尼斯"奖，即每月设定一个UPH目标，当有人挑战成功后即可获得此奖项，并且这个人所创下的记录将作为下个月的挑战目标。

稻盛和夫说过，很多企业制定标准的时候，都是用平均分作为标准。但稻盛和夫强调，当某项工作有人能做到 100 分的时候，我们就应该用 100 分作为标准，这才符合精益的原则。很多时候我们总认为某个目标已经是极限，但在实际操作中，通过建立合理的机制去挖掘员工的潜能，最终的结果往往会超出预期很多，就像三星电子通过设置两种个人产能目标管理的方式牵引员工不断突破产能那样。

笔者从事精益管理咨询多年。在给某手机制造企业做咨询的过程中，企业的技术总监反馈道："我们公司一直都在借鉴三星电子的单元生产方式作业，但效率和质量一直与三星电子有差距。"

笔者随后对该企业的生产方式、技术、设备等情况进行了调研，提出只要改进一个地方，产能就能提升 50%。但技术总监对此持怀疑态度，他一再强调："公司目前的方式和配置都已经达到了极致，并且我们自己也尝试了很多方法，经过多次验证，现在的产能水平就是企业的最高产能。"

为了让技术总监信服，笔者团队与对方签订了对赌协议，与对方建立信任关系，确保笔者团队能放开手脚实施改善行动。最终，通过一系列测试、改善后，企业的产能提升了 57%。

任何进步都需要敢于挑战的勇气。如果企业管理者自己都故步自封地认为已经达到了最佳，没法再提升了，自然就会失去进步的可能。现代企业的发展环境是在迅速变化的，企业中的流程、工艺、制度也在不断地革新。企业要时刻保持"没有最好，只有更好"的思想意识，不断挑战自我，持续改善。

敢于自我否定

企业想要持续改善，实现突破式发展，就意味着要不断地否定原有的技术、思想和政策。正如海尔集团创始人张瑞敏所说："市场总是处在不断变化之中，其实当你的成果受到市场欢迎的时候，就说明很快要被别人超越了，而且别人怎样超越你，你永远也不会知道。既然如此，从成果出来的那天起，你就只有自己否定自己，只有自己不断地打倒自己，才能在市场上永远不被打倒。"的确，具有自我否定精神的企业往往有着更强的生命力。

在世界市场上具有竞争力的优秀企业，都会不断地打倒自己，向更高的目标挑战。丰田集团的前身只是日本一家很小的公司，但它的目标是"成为世界第一"。正因如此，它不断对标大众集汽车、福特汽车、通用汽车、本田汽车等优秀的行业竞争者，向比自己更强的企业看齐，并不断地否定自己原有的技术和产品。渐渐地，丰田汽车在国际汽车市场上的份额不断得到了提升。

如果一个企业想真正强大，就要敢于否定自己。因为自我否定永远是自我纠偏、自我改进的利器，同时也是生存的根本。

被誉为"全球第一CEO"的杰克·韦尔奇在担任通用电气集团的总裁时，采取了一种名为"冲突对抗"的决策制度，即当某个人提出了一种意见，必须想方设法让持反对意见的人举手发言。当两边争论之后，意见无法达成一致时，就找客观的第三方担任裁判员，不偏不倚地得出"谁是正确的"的结论。采取该制度之后，通用电气集团内部很多搁置多年的问题得到了妥善解决，解决问题的速度也明显加快了。

丰田集团和通用电气集团的做法尽管不同，但体现出一个相同的道理：通过不断的自我否定寻求进步。与丰田集团和通用电气集团一样，华为内部也非常重视自我否定，并建立了自我批判的企业文化。对此，华为创始人任正非强调："人类探索真理的道路是否定、肯定、再否定，不断反思，自我改进和扬弃的过程，自我批判的精神代代相传，新生力量发自内心地认同并实践自我批判，就保证了我们未来的持续进步。"

企业要秉承"没有最好，只有更好"的原则，勇敢地自我否定，执着地追求进步。当然，自我否定不是为了否定而否定，而是为了优化改善而否定，其最终目标是提升组织的竞争力。

变，是永恒的主题

世界上唯一不变的就是变化。一个人也好，一个企业也罢，不论曾经取得过何等成功，不论如今处在何种位置，保留必要的危机意识，对其长远发展来讲是不可或缺的。面对市场的易变性、不确定性和复杂性，保持危机意识、持续改进是企业永续经营的前提。

安于现状必遭市场淘汰

在快速变化的市场环境下，无论企业曾经取得过多么伟大的成就，如果陷入故步自封的困局，安于现状，不能及时地针对变化做出改善，以适应未来的市场需求，就会被不断发展的时代所抛弃。

柯达公司由发明家乔治·伊士曼创立于 1880 年。公司成立之初，伊士曼就意识到全球民用摄影产品市场的巨大潜力。1880 年，伊士曼利用自己发明的专利技术批量生产摄影干版，大获成功。随后，伊士曼潜心研究简化摄影术的方法。1883 年，伊士曼发明了胶卷，摄影行业发生了根本性的变化。1888 年，柯达照相机推出。随后，柯达公司凭借胶片技术一直在全球影像行业中保持领先。

但是，随着数字时代的来临，影像行业也从"胶卷时代"步入"数字时代"。富士、索尼、惠普、佳能、爱普生等大公司纷纷进行数字化转型。此时的柯达，却依然眷恋传统胶片技术，满足于传统胶片产品的市场垄断地位，未及时做出改变。具体表现在 2002 年，柯达的产品数字化率仅为

25%，而同一时间，竞争对手富士的产品数字化率已达60%。由于对数字技术和数字影像产品的冲击反应迟钝，柯达逐渐陷入危机。2012年1月19日，柯达正式宣布破产。

麦肯锡公司的咨询顾问曾发现一个十分普遍的现象：在整个世界范围内，总是有企业不断地走上破产的道路，这本来是再正常不过的事情，但是那些企业并非原本业绩差的企业，而是业绩非常好甚至是闻名世界的企业。这说明，无论一家企业曾经取得了多么辉煌的成就，一旦安于现状、不思进取，不仅不会发展，还会逐渐丧失基业，最终被市场无情抛弃。因此，企业经营管理者必须树立持续改善的经营管理理念，让全员树立危机意识，跟上市场发展的步伐。

持续改善方是经营之道

意大利知名政治思想家马基雅维利曾说："能随着时代和世事而不断改变自己的人，才能真正掌握自己的命运。"企业发展亦是如此。对于任何一家企业来说，都要因时而变，持续改善。

今天的华为以领先的技术走在行业的前端，但华为今天的成就也是建立在不断吸取教训、持续改善的基础上的。

1992年，郑宝用带领由十几个开发人员组成的队伍，准备开发局用机。当时，这些人都只有开发模拟空分用户机的经验，根本就没有开发局用机的经验。于是，他们决定开发模拟空分局用交换机（简称空分交换机），命名为JK1000。

1993年年初，在投入了全部的开发力量和巨额的开发费用之后，华为人经过1年多的艰苦奋斗终于成功开发出JK1000，并且在当年5月份获得了当时国家邮电部的入网证书。在技术上扫除了障碍以后，华为在市场上与20多家电信局合资的企业莫贝克也在筹划成立中。华为上下做好了一切准备，要大力推广 JK1000。

到了 1993 年年底，随着数字程控技术的普及，华为的 JK1000 空分交换机刚刚推出就面临着没有市场的尴尬局面。就这样，华为煞费苦心开发出来的 JK1000 还没来得及在市场上大展身手，就被淘汰了。

这次惨痛的事件发生以后，华为痛定思痛，将研发战略从技术驱动转变为市场驱动，坚持不研发"卖不掉的世界顶尖水平"。此后，华为开始要求在产品设计中对准客户需求和市场形势，构建技术、质量、成本和服务优势，形成基础的竞争力。与此同时，在研发、中试、生产、售后服务、产品行销等各个环节中持续改善。最终，华为以实力取得了商业竞争的成功。

华为的经历启示我们：在走了弯路后，企业要认真审视当前环境和自身存在的问题，顺应形势做出及时调整，坚持持续改善，这样企业才能最终实现持久发展的目标。

紧跟时代步伐，不断突破

对于任何一家企业来说，都应以前瞻性的眼光认清当下市场的发展趋势，尤其要抓住自身行业的发展趋势，并作为制定企业发展决策的考虑因素，顺势而为。

第一，要认真关注当前政治、经济等宏观环境的变化。当今世界正处于百年未有之大变局，我国经济也面临由高速增长阶段转向高质量发展阶段。制造业作为我国国民经济的主导产业，必须主动求变、科学应变，探索转型升级的新路径。

第二，要认真关注当前技术的发展情况。随着新一轮科技革命和产业变革的深入推进，机器人、人工智能以及工业互联网、智能制造等技术不断成熟，"工业 4.0"席卷行业发展，这就要求企业特别是中小企业加大技术的研发投入，顺应数字化发展趋势，不断改善，增强自身的竞争力。

2018 年，我国首次提出要开展"专精特新小巨人"培育工作，要求专精特新中小企业补齐一些关键"短板"，破解"卡脖子"问题，全方位提升自身创新能力、国际市场开拓能力及经营管理水平等。

未来，企业要认清时代的发展趋势，不断进行改变，并寻求突破之路，力争在变动的环境中持续、强悍地生存下去。

自上而下，层层传递

企业不断改变，不断突破，需要自上而下层层传递改善意识。领导者自身要做好表率，当好企业持续改善的驱动者。与此同时，要通过恰当的管理机制将改善的意识层层传递给每一位员工。

领导者要当好持续改善的驱动者

要带领企业走向成功，需要领导者拥抱变化，保持空杯心态去持续地学习，主动探寻企业持续改善之道。

市场风云变幻，跟不上市场变化脚步的企业，迟早会被淘汰。为带领企业准确把握时代发展的脉搏，企业领导者必须以身作则，强化学习。海尔集团创始人张瑞敏就是一个好学之人，他说："只有抓紧每一分钟时间来提高自己的综合素质，只有使自己的知识水平、认识能力、判断能力都进入一个更高的层次，才能适应市场的变化。我觉得每一名海尔员工都应该不断提高自身素质，不做木桶中最低的那块木板，使海尔集团这支联合舰队成为名副其实的、真正素质高的战斗集体。"

通过持续学习，在生产现场管理方法上，张瑞敏独创了"6S 大脚印"法则。在海尔每个生产车间中，都可以见到一个约 60 厘米见方的大脚印图案，图案前方悬挂着 6S 标语牌："整理、整顿、清扫、清洁、素养、安全。"

公司每天的工作交流会议都会在 6S 大脚印处举行。若有员工违反了

6S 标语牌中的任何规定，该员工都需要站在大脚印上，进行自我反思、自我检讨。工作表现优秀的员工也可以站上 6S 大脚印介绍自己的工作方法、工作体会和心得。

此外，张瑞敏还结合海尔的"短板"，不断探索更为有效的方法改善企业管理，包括 OEC 管理法、"SST"机制、SBU 模式、人单合一等。

在张瑞敏的带领下，海尔集团达成了一个又一个更高的目标。因此，企业领导者只有面向未来不断学习和思考，时刻保持空杯心态，不断补充新的知识，当好持续改善的驱动者，才能带领企业这艘巨舰驶向更远的地方。

强化目标执行的过程管理

企业领导者要带领企业实现一个又一个更高的目标，不仅要以身作则当好持续改善的驱动者，让员工见贤思齐，自觉树立改善意识；也要做好目标执行的管理者，让员工在日常工作中主动改善。对此，企业领导者和管理者可以通过一定的管理工具，跟进员工整个的目标执行过程，在过程中及时纠正指导，从而指引下属持续改善。

为自上而下层层传递改善的意识，远大住工每年都会抓牢目标的分解与执行。远大住工会对准公司的年度目标，并结合各部门的重点工作任务，将年度目标分解到各部门。为确保目标执行到位，各部门会将年度目标拆解成月度目标，月度目标拆解成周目标与日目标，并每日动态更新与点检。

为强化目标执行的过程管理，远大住工各部门都会借助一定的管理工具强化过程管理。例如，远大住工精益办就借助"日清工作表"管理周目标与日目标的完成情况。在"日清工作表"中，包括 KPI 指标、周任务、日清工作、完成状态、责任人、未完成说明等内容。其中，KPI 考核指标由部门负责人确定；周任务由组长与小组成员共同确定；日清工作由组员当天晚上填写第二天的工作，每天下班前由组长确定日清工作完成情况，并将完成率报至部门负责人，由部门负责人进行排名公布。针对当日未完成的任务，部门负责人会督导相关责任人进行检讨分析，制定改善对策。

加强目标执行的过程管理，能让公司上下形成积极改善的氛围，促使员工在日常工作中以更高的标准要求自己，以顺利达成更高的目标，进而提升公司的整体水平。

贯彻落实改善的主体责任

在企业的生产经营过程中，每天都会发生各种各样的问题，而问题的改善往往需要由明确的责任主体去推进。如果问题责任不明，就容易出现相互推诿的情况，使改善效果大打折扣。因此，管理者必须合理分解问题，明确问题改善的责任主体，并督导责任人积极改善。

为督导问题改善，某制造企业每月都会对出现的异常问题进行分类，并进行异常统计分析，如表1-1所示。

表1-1　5月异常工时统计（示例）　　　　　　（单位：分钟）

异常	生产部	品质部	采购部	工程技术部	研发部	合计
品质异常		12 030				12 030
技术异常						0
物料异常			1905			1905
设备异常						0
程序异常				3510	750	4260
管理异常						0
返工	930					930
其他				570		570
合计	930	12 030	1905	4080	750	19 695

通过统计 5 月的整体异常情况，公司将异常责任落实到相关部门，督导相关部门进行改善，如表 1-2 所示。

表 1-2　5 月异常工时各部门责任占比

部门	生产部	品质部	采购部	工程技术部	研发部
工时占比	4.72%	61.08%	9.67%	20.72%	3.81%

分解各部门的异常责任占比，一方面能让各部门清晰了解自身在问题改善中的责任，积极实施改善工作；另一方面公司能有效了解异常出现的重点环节，进行重点督导。

通过分析企业内部需要改善的问题，并建立问题改善责任分解机制，将责任细化、分解到具体的部门或个人，并督导其进行改善。如此，企业的问题才会越来越少。一旦企业内部常态化抓好问题改善责任落实工作，员工就会自觉地以主人翁意识重视改善工作，企业也会自然而然地形成全员精益的文化。

众筹问题，众筹智慧

管理者要经营一个优秀的企业，必须有三种力量：一种"自力"，两种"他力"。"自力"指的是管理者自身具备的能力。两种"他力"分别是指全体员工的力量和经营管理体系的力量。在现代企业精益管理中，要充分发挥全体员工的力量，引导每个人发挥创造力，持续进行改善。

每个人都要有改善的思维

在制造企业中，早期流行的管理思维是富士康式的管理，即每个人只要按照现有的流程、制度做好手头的工作即可，无须有太多的个人想法。正如富士康创始人郭台铭所说："对于制造业而言，走出实验室就没有高科技，只有严格执行的纪律。"但是，随着大数据、人工智能等高科技技术的发展，制造业也面临着转型升级，制造企业对创新的追求也越来越高。传统的富士康式螺丝钉管理思维面临着员工创造力不足的挑战。因此，企业纷纷开始寻求管理方式的变革，着力引导员工产生创造力。

在三星集团，员工每年会向公司提出大约百万条建议，平均每名员工贡献60条，其中约有85%的建议被管理者采纳。这对于三星集团而言是一笔巨大的财富，这些建议不仅改善了问题，提高了组织效率，更重要的是在组织内部形成了一种"提案改善"的文化氛围，不断为企业注入了新的活力。

为了充分调动员工的创造力，激励员工积极提案，三星集团内部形成了"分任组"，即由一线成立改善组织，不断地进行改善，提高组织绩效。与此同时，三星集团将"提案改善"纳入员工绩效考核。在三星集团的员工绩效考核指标中，有一个类别为"Key knowledge"，其中就包含"提案改善"子指标。公司会根据提案改善的达成且顺利实施的情况进行加分，且每月会评选出"最多提案者""优秀提案者""金点子"等，并给予相应的奖励。

此外，三星集团每年会组织分享大会。由各个地区推选各自工厂的优秀提案成果，并选派代表团队到韩国总部进行分享。最终，在分享大会上，公司会评选出改善效果最好的几支团队进行奖励。

通过一系列措施，三星集团在内部形成了"提案改善"的浓厚氛围，其中某些优秀的提案带来的质量改进创造了价值千万美元的成本节约或风险规避。

三星集团通过创造"提案改善"的文化氛围，让每个员工都形成了改善的思维，在工作中主动发现问题，提出解决方案，也使企业在"集众智、合众力"中不断向前发展。

创造牵引员工智慧的条件

要激发员工的创造力，企业就要通过建立规章制度、改变管理模式等方式为充分发挥集体智慧在持续改善中的作用创造条件，为员工搭建发挥主观能动性的舞台。

2005 年，海尔集团创始人张瑞敏提出"人单合一"管理模式。从此，海尔集团开始了对"人单合一"管理模式的十余年漫长探索。"人单合一"管理模式中，"人"指员工，"单"指用户价值，"合一"指员工的价值实现与所创造的用户价值合一。

"人单合一"管理模式让海尔集团成为开放式创新的先行者。"人单合一"管理模式赋予每位员工成为自己的 CEO 的权力，让员工与用户直接相连，员工可以通过市场的变化自主决策、快速调整、优化服务。在"人单合一"管理模式下，员工高度自主，人人都要有想法，有创新力。伴随着"人单合一"管理模式的推行，员工也被称为"创客"。当"创客"发现用户需求后，可自发组织形成"小微"团队，甚至可寻求外部投资成立公司，从而快速帮助用户解决问题、创造价值。

总体而言，"人单合一"管理模式的核心是以用户为中心，以创新为导向，发挥个人和自主经营团队的主体作用，促使企业持续改善、持续升级。

海尔集团"人单合一"管理模式真正让员工成为企业主人，打造了"全员创客"的文化，不断激发了员工的创造力。"人单合一"管理模式为发挥员工智慧搭建了平台，这也让海尔集团成为"创客"平台。

在企业精益管理实践中，要发挥员工的力量，企业就要如三星、海尔一般，想方设法创造机制、创造平台，引导员工主动发现问题，为企业持续改善贡献智慧，实现企业、员工、顾客的互利共赢。

包容创新，允许犯错

在快速变化的时代，行业的变迁往往发生在一夕之间。在未知的发展环境中，企业唯有保持创新精神，能够跟随时代的变化迅速调整发展方向，才能不断爆发出新的能量，创造更高的收益。

创新应成为一种终身的习惯

行业或企业的进步不会起步于某一门工艺复杂的技术或者某个极具震撼力的研究成果。若要创新，只要能够确保今天比昨天做得更好，明天又比今天向前再近一步。创新是永无止境的。

海尔集团创始人张瑞敏曾写过一篇名为《创新无止境》的文章。在文中，他这样写道：

1984 年，海尔砸掉 76 台不合格的冰箱，以树立员工的质量意识；今天在德国，消费者购买海尔冰箱可以获得政府颁发的节能补贴。

1999 年 4 月 30 日，我们在美国南卡州打下了第一根桩，到现在，美国制造的海尔冰箱正在向着美国本土化的名牌迈进。

昨天，我们还在为 21 世纪的到来而憧憬；今天，当我们站在 21 世纪的门口，想象中的画面已经变成看得见摸得着的存在。

中国古代的哲学家有句话：天下万物生于有，有生于无。西方也有类似的观点："The most valuable things can not be seen."（最有价值的事不可能显而易见。）创新是无止境的。虽然现在海尔产品已经在全球 160 多个国家销售，美国《财富》、英国《金融时报》等媒体常把海尔与微软、IBM、索尼相提并论，但我们清楚地看到，无论在规模上，还是在品牌影响力上，我们都还有很大的差距，创新才是我们最大的优势。

在新经济下，没有旧经济，只有守旧者。面对充满挑战和希望的明天，我们只有不断创新，挑战满足感，才能超越自我。我们因创新精神赢得世界的瞩目，我们仍须用不断的创新来赢得 21 世纪的辉煌。

　　创新不是某个人、某个部门的事，企业的创新需要全员参与。企业内的每个人都要运用自己的创造力，在日常工作中不断思考"应该如何创新性地改进自己的工作"。可以说，创新的过程也是一个不断改善的过程。通过持续改善，我们可以改进工作的每个方面，让企业具有持久竞争力。

　　企业应鼓励每一位员工都参与到改善与创新的计划中，养成创新的习惯，尽量想出更多的新点子。即使如清洁卫生之类看似简单的工作，也完全可以经由创造性的思考或实验，来获得更进一步的改进。

创造允许犯错的文化环境

　　实践中，创新往往并不是一帆风顺的，可能需要经过多次尝试、失败、再尝试才能取得最后的成功。为了鼓励创新，企业要在内部营造开放包容的环境，包容员工的失败。给员工试错的机会，即便会带来不少麻烦，也要放手让员工去做。只有这样，才能让他们充分发挥自己的潜能，不断积累经验。

　　为鼓励员工创新，华为在内部营造了允许犯错的环境。华为每年都会将收入的 10% ~ 15% 投入研究和开发中。研究和开发具有不确定性，华为为鼓励员工探索，针对不确定的研究和开发设定了一个收敛值，为 0.5，允许这些工作有 50% 的失败可能性。

　　对此，任正非曾说："所谓允许创新，就要提倡功过相抵。允许犯错误，允许在资源配置上有一定的灵活性，给其创新空间。不允许功过相抵，就没人敢犯错误，就没人敢去冒险，创新就成了句空话。20 世纪 80年代的改革热情高涨，是因为有创新机制，允许功过相抵。因此，无论过去、现在还是将来，无论是在减慢速度的过程中，还是在飞速发展的过程中，创新机制都不能停，创新精神和意识在华为永远不能泯灭。一旦泯灭，我们的队伍很快就会消失。因此一定要给创新以空间。"

在创新中，很多方面都需要尝试、摸索，因此犯错、失败是在所难免的，企业要对犯错有一定的宽容度。只有这样，员工才能把"失败当作学习的过程"，没有后顾之忧地去构想、去尝试、去创新。正如被誉为"全球第一 CEO"的杰克·韦尔奇曾说："没有人敢于尝试比犯错误还可怕，它会使员工故步自封，甚至拘泥于现有的一切，不敢有丝毫的突破。"

学会从试错中总结经验

企业为员工提供宽容的环境，不是纵容员工犯错，而是希望员工在试错中不断进步、持续改善。员工在试错中可以积累宝贵的经验，在事后应该将这些经验进行总结，避免以后遇到同类问题时再犯错误。

华为当初推出 Mate 和 Mate2 手机时已经创新性地使用了大屏，但是由于整机尺寸过大，造成手机又厚又重，消费者对此感到不满。后来华为分析了 Mate 和 Mate2 手机使消费者不满的原因，在做 Mate7 手机时就吸取了教训。在开发 Mate7 手机时，华为研发人员站在消费者的角度，认真考虑了消费者能接受的屏幕尺寸、厚度和重量。

为此，华为请了性别、年龄、身高各不相同的消费者来体验不同的手机尺寸。经过多次尝试后，最终得出结论：6 英寸（1 英寸 =2.54 厘米）的手机屏幕是消费者所能接受的极限。除此之外，华为还将手机的厚度从 9 毫米多减少到不到 8 毫米，是当时同级别屏幕尺寸智能手机中最薄的。

此外，Mate 和 Mate2 手机屏幕周围的一圈大黑边也是消费者不满意的。因为浅色手机的这圈黑边显得十分不美观。所以，华为在做 Mate7 手机时尽可能地减少黑边。要做到这一点并不容易，工作人员要像挤牙膏一样，把胶水涂抹到手机壳周边一圈，然后把屏幕粘上去。华为不允许有一点偏差，每部手机都必须做到精准，当时就有操作人员抱怨华为的手机设计者要求太高。但在经过不断总结、不断改善后，Mate7手机上市后就大获成功。

华为能够引领行业创新的一大原因就是敢于试错、敢于在试错中总结提升。华为的经验也告诉我们，在创新的过程中，犯错不要紧，关键是要能认识到自己的错误并积极改正。总之，为保障企业的持久活力，企业要为员工创造允许犯错的环境，不要禁锢员工的创造力；要鼓励员工敢想敢做，哪怕没有达到预期甚至彻底失败都没关系，通过不断总结失败的经验和教训，持续改善，终究会找到更好的方法，产出更有效的创新成果。

改善让工作更美好

很多时候，人们会直觉地反感改善带来的变动，一旦提及改善便会万分抵触。一项真正意义上的改善绝不会使人们的活动更复杂或更困难。如果所谓的"改善活动"非但没有减轻人们的工作量，反而使人们更加疲劳，那么这就不是改善，而是破坏。

改善带来美妙感觉

真正的改善是以更有益、更完美为目标的。而改善所带给人们的结果，会使人们感到"改善是一件轻松、愉悦的工作"，并乐于参与其中。

在美国宾州坦帕市乔奇食品公司曾进行了一项特别的改善，董事长佛列德·乔奇决定：每一位支援现场工作的人员，都必须将办公桌移到现场去。虽然这一决定遭到几乎所有人的反对，众人最初大多心不甘情不愿地执行着这一决定，但没过多久，大家便从这个改善所取得的成果中转变了态度。

　　部门经理托尼·普利欧说道:"以前我要耗费许多时间在办公室内做一些书面工作,现在我们可以通过与以往截然不同的做法,取得更有效的工作结果。例如,召开质量会议以及倾听工人的提案,到工作场所去,把更多的时间花在现场,观察每一个问题并且将它们矫正。我发掘出了员工的很多能力——艺术才华以及实务技术,这些都是以往我所不了解的。

　　他们能独立地从事所有的改善工作,使生产线变得不一样——他们将每一项工作完成得有条有理,并且环境更为整洁。"

　　这是我们从管理者的整体视角所看到的"改善给管理带来的变化",以及它给员工带来的便利。此外,我们也可以从员工的操作细节上,更细致地观察改善给人们带来的舒适。

　　以某厂产品检验时的产品摆放为例,工人们经常抱怨在对某托盘中的一批产品做起又放回的目视检验动作时,若中途被人打扰,很容易忘记究竟检验到了哪件产品,而一旦将某个产品或装产品的盛放盒放错位置,将会造成重大差错。

　　针对这个问题,一位工人做了这样的改善,如图 1-1 所示。

检验至第一排第二个产品时

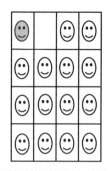

已检
良品

未检
品

改善前:
未空出一个位置,直接放回盘中
当被打扰后,容易忘记检验到哪里

改善后:
空出一个位置
已检良品与未检品有了清晰的界限

图 1-1　改善前后的摆放方法

改善后，工人在检验时，先取出第一个零件放在一边，从而腾出一个空位，然后再依次拿起第二个未检验的零件。若为良品，则放回第一个空位。这时，盘中原先第二个产品的空位就成了已检良品和未检品的分界位置。

由此可以非常直观地看到改善给工作带来的便利。事实上，改善的益处不仅限于此，今井正明曾总结了改善所能带来的七大益处，如图 1-2 所示。据他称，日本企业的管理者正是基于改善带来的益处，才愿意去尝试作出改善。

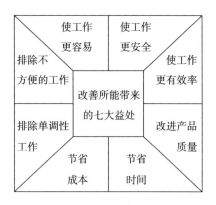

图 1-2　改善所能带来的七大益处

改善成果不仅会成为公司利益的源泉，而且会在落实过程中反馈给员工，比如某个流程环节的改善使员工的工作量减少，又确保了员工的安全。其实，无论是为了自己还是为了企业，改善带来的收益都是一致的——它会让工作更美好。唯一不同的是，前者将大目标进行分解，更容易实现，更容易发挥个体的主动性，而改善也逐渐演变成一种员工不可推卸的责任。

第 2 章
改善是每个人的责任

　　正所谓"民强则国强"，企业管理亦是如此。唯有企业中的每个人都追求不断完善，才会有企业竞争力的提升。而企业的兴盛衰败与企业中个体的发展也是息息相关的。故而，无论是放眼企业的未来发展，抑或基于对个人利益的考量，每个人都应该勇敢地承担改善的责任。

我们需要改善的勇气

虽然改善可以让人们的工作更美好，但是在改善过程中，企业必然会面对一个蜕变的过程：必须把旧的、不适合发展的习惯或传统抛弃，并学习新的技能。这需要人们有自我改善的勇气与决心。

改善与风险同在

虽然人们都希望改善能够给企业带来改观，但是改善本身是一件打破现状的事，这便意味着它不可避免地存在着失败的风险，如表 2-1 所示。

表 2-1　改善的两大风险

风险	说明
改善效果与预期不符	如果改善方案缺乏针对性，脱离企业实际，或高估改善方案的可行性，那么便会导致改善难以从根本上解决实际问题，致使虽投入甚多，但收效却并不乐观
企业内部抵触，造成内耗	由于某些改善会触及企业管理的深层机制，如权益机制的调整、责任与能力体系的重新架构、人们思维与行为方式的再塑造……在这个过程中，不可避免地会触动部分人的利益，使其在短期内利益受损。这必然使得人们对改善产生抵触情绪，而这种抵触情绪又会成为改善执行的障碍

这些风险的存在，使人们对改善心生胆怯。但没有风险的改善不叫改善。改善的过程虽然痛苦，若不加尝试，就等于默认失败；唯有敢于承担风险，才能在竞争中常胜不衰，适应不断变化的市场环境。

我们需要勇气

可以说，倡导改善的管理者必须具有破釜沉舟的勇气，才有可能取得改善的彻底成功。正如格鲁夫所说，"只有偏执狂才能生存"。

1998 年 3 月 22 日，三星掌门人李健熙发表了一次悲壮的宣言："为了克服危机，我甚至不惜抛弃生命、财产及名誉来挽救三星！"1995 年，这个"除了老婆和孩子，什么都要变"的掌门人因三星的一款手机遭到顾客的质量投诉，带领 2000 名员工将价值 5000 万美元的问题手机、传真机、无线听筒全部砸成碎片。他确信，"自以为是"是企业发展的最大障碍，只有敢于否定自己，企业才有可能实施管理创新。为了获得现金以支撑企业转型，李健熙将每年销售额达 5 亿美元、净利润超过 1.2 亿美元的富川半导体工厂卖给美国仙童公司。李健熙为了改善，卖掉了当年他个人投资并苦心经营的工厂。三星为了精益改善所付出的代价由此可见一斑。

对于任何企业而言，改善都不是一项简单的工作，因为改善是艰苦的，甚至是痛苦的，必须付出一定的代价，比如资源等。改善在企业发展中所起到的作用就是让企业平稳地完成蜕变。作为企业的一员，职责就是勇敢地推进积极的改善运动，帮助企业成功蜕变，进而延长企业的生命周期。

改善是管理者的重要职责

在改善过程中，管理者的地位和作用不容小觑——整个改善活动的开展必须借力于管理者的主导和强力推进。管理者必须认识到推进改善确确实实是自己的一项重要职责。

必须具备改善思想

世界上很多公司学习了丰田的精益生产，甚至到丰田总部去参观，但是自己实践时却发现很难达到理想的目标。为什么所有人都认可的理念实施起来却困难重重？

海尔总裁张瑞敏说过一句话："什么是不简单？能够把简单的事做对千百遍，就是不简单。什么是不容易？把大家公认的非常容易的事情认真地做好，就是不容易。"

对于管理者来说，完成本职工作是起码的要求。但如果要成为一名优秀的管理者，那么必须要善于发现问题并持续改善问题。有人认为，哪有那么多问题，一开始就把问题解决，后面就不会出现问题了。这句话在某些情况下是没错的。但市场环境风云变幻，企业会面临各种各样的问题，改善永远处于进行时。像华为、海尔、丰田这样的杰出企业，仍在不断发现自身问题，仍在改善，对于普通企业来说，就更应该具备这样的认知。

改善思想对于管理者是非常重要的，表现在两个方面：

（1）改善可以提高你所在部门的业绩，提升工作效率，为企业创造更多财富，实现管理者的价值。

（2）改善是管理者快速发展的有利武器，相对于其他人来说，你总是在发现问题并解决问题，这意味着在同样的条件下你能够获得更多的经验。

正如前文所说，改善的难点在于持续。管理者在完成本职工作的同时，要把改善的思维固化在自己的脑海里，体现在自己的行动中。将改善立足于工作中的一点一滴，不要求一步到位，即使对一张数据报表中不起眼的一项内容进行修改也是改善。

将改善转化为职责

之前，改善以文件等外化形式来约束管理者的行为，改善成为被动的职责；在此之后，它可以内化为一种责任，促使管理者奉之为圭臬，主动采取相应的改善行为。

以 TAM 的领班为例，其主要责任为必须能够改进工作条件（生产力、成本和质量）及提高下属的技术和才能。

　　领班的主要工作在于改进生产力及降低成本。为完成任务，领班被赋予降低"人工时数"（日文称之为"工数"）的职责。工数是指某一流程的作业员人数乘以工作小时数，再除以在此时段内生产的数量。举例而言，如果某一流程有 10 位作业员，工作 9 小时（包含加班时间），生产了 200 个产品，其工数计算如下：

$$10 \times 9 \div 200 = 0.45$$

　　每一个工作小组，都必须计算生产一个产品的工数。

　　每一个组长、领班及督导，每个月都必须设定降低工数的目标。

　　TAM 公司以往并没有将工数作为生产能力改进及成本降低的依据。但是如今对每位管理人员，甚至基层的组长，都以工数来作为生产能力改进及成本降低的实际指标。对公司每一位员工而言，工数改进与现有其他管理资料之间的关联情形大家都能很深入地认知与了解。TAM 公司的员工能看到他们的改善行动带给工数降低的贡献。TAM 公司的职务手册，也详细记载了领班在成本管理方面的工作事项，如表 2-2 所示。

表 2-2　TAM 公司领班在成本方面的工作事项

1．改善的计划
a．与组长研讨后，准备提出"成本降低计划"的进度表。
b．从事本单位内各改善活动的协调工作，并为特定的改善事项请求协助（如新工具等）。
c．监督及跟催"成本降低进度表"的进展。
2．降低人工成本（工数）
a．监督每月工数降低的活动事项，并且跟催其进展情形。
b．若未达成目标，则须研究其原因并采取行动。
3．降低直接成本
a．监督材料、消耗性工具、耗材、油品等实际耗用量与计划耗用量的差异。
b．若超过原计划耗用量，则要研究超用的原因及采取的对策。
4．节约能源
a．确认气压和供水是否泄漏，并且拟订计划阻止泄漏。
b．训练及鼓励作业员在使用完机器后，要随手关闭电源。
5．每日改善
a．准备监督工数改善的活动事项。

续表

> b. 依据问题的状况，给予改善活动的指示。
> 6. 其他
> a. 负责组内开会，并且说明成本降低活动的进展。
> b. 鼓励每一位员工增强成本意识。

从上述内容可以看出，TAM 管理者的主要职责就是确保工作正常进行，在此基础上持续地提出改善对策并加以推行。

这样的改善会涉及较广泛的工作领域，如质量、成本、生产进度与交期、安全等皆在此列。事实上，管理者在这些方面的管控也确实要做到毫不懈怠。不过，有一点却可能被忽视，就是管理者与员工之间的工作关系。

工作关系也是一项改善内容

我们知道，管理者的所有工作都与员工有关。所以，管理者必须与员工一起工作，通过员工来实现目标。为了成功地履行相关职责，管理者必须与员工具有某种关系，如图 2-1 所示。

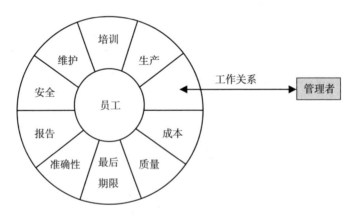

图 2-1　管理者与员工之间的工作关系

仔细观察这一关系会发现，这种关系并不是单向的，而是双向的；当人们努力行使职责时，关系会影响结果。良好的关系会给双方带来良好的结果，不好的关系会给双方带来不好的结果。管理者与员工之间存在一种双向的关系，而且员工或好或坏地影响着管理者履行职责的结果。

　　当管理者与员工发生争执或出现信任危机时，工作关系会发生偏向，这就是你需要去处理局面的一种信号。当信任充分时，员工认为你会考虑他们的最佳利益，并且相信你会极力为他们争取利益。当信任缺失时，你会发现自己处于"溺水于水坑"的境地，被纠缠于最轻微的细节，即便简单的事情都不能向前推进。因此，管理者的目标在于尽可能地改善工作关系，使得工作关系简单、牢固并且恰当。

工作关系四步法卡片

　　工作关系的改善可以借助"工作关系四步法卡片"来实现。这一简便的方法涵盖了我们在运用工作关系方法与不断完善工作关系时需要遵循的一切，并且你应当一直带着这张卡片。卡片背面如图 2-2 所示。

工作关系四步法卡片
步骤一：获取事实 （1）审查记录 （2）找出应采用什么样的规章制度 （3）与相关人员进行沟通 （4）全面听取意见和建议 确保自己已经完全掌握了整个事件的来龙去脉。
步骤二：权衡与决策 （1）整合事实 （2）考虑它们之间的相互关系 （3）有哪些可行措施 （4）查阅惯例与制度 （5）考虑目标以及对个人、群体和生产活动的影响 万勿急于下结论。
步骤三：采取行动 （1）你是否打算亲自处理这一问题 （2）在处理过程中，你是否需要帮助 （3）你是否应该向你的上司汇报这一问题 不要推卸责任。

续表

步骤四：检查结果
（1）多长时间之后你会跟进
（2）你需要跟进的周期是多久
（3）关注输出、态度以及关系的变化
你的行动对生产活动是否有帮助。
你是否达到了自己的目标

图 2-2　工作关系四步法卡片（背面）

此外，管理者也应该尝试掌握一些有助于工作关系改善的技巧，它们在卡片的正面，如图 2-3 所示。

工作关系四步法卡片
1.　让每位员工都知道进展得怎样
（1）弄清你对他人的期望
（2）指出改进的方法
2.　适当地给予表扬
（1）寻找额外的不寻常表现
（2）在事情保持热度时告知员工
3.　预先告诉员工对他们有影响的变革
（1）如果可以，告诉他们为什么
（2）与他们一起工作，以接受变革
4.　充分利用每个人的能力
（1）挖掘现在没有被利用的能力
（2）绝不阻止他人的发展
必须人性化地看待员工

图 2-3　工作关系四步法卡片（正面）

卡片正面最下端的一句话至为关键——管理者坚持"必须人性化地看待员工"的态度，这是改善工作关系的重要因素。

与员工一起工作

人性化地看待员工、促使管理者与员工双方和谐共进的一个最有效方法就是，让管理者与员工一起工作。

在传统的星级酒店中，管理人员与普通员工之间的差别非常明显：一旦成为一名管理人员，就可以脱离基层工作，不必再去打扫房间或者办理入住离店手续。

而如家的管理者与传统酒店的管理者迥然不同，他们并不脱离基层工作，相反，他们必须比普通员工掌握更全面的技能。他们就像多面手一样，随时可以补充到任何一个需要的岗位上。实际上，如家没有领导，店长也是为客人服务、为员工服务的，他必须了解普通员工是如何工作的。

如家要求管理人员与员工一起工作的做法，主要出于简化组织结构、节省人员成本的考虑。不过，这一做法还具有更大的价值：一位精通所有工作的店长能够随时给予员工支援；亲自体验了员工的辛劳，能让他更容易理解员工的心情；他并不脱离具体的服务工作，员工也就不会产生管理者高高在上、自己卑微弱小的感觉。

这种工作方式使得双方的关系变得更为融合，企业的改善活动也会更为顺利地开展。

此外，管理者也应自我反思：你对员工的了解程度如何？你是否熟悉他的家庭情况、背景以及健康状况？有多少员工是你非常熟悉的？有多少次你试图去更多地了解他们？他们看上去对你是否坦率，抑或非常胆怯？你认为为什么会这样？如果一名员工难以接近，你是否知道原因？……

管理者应意识到，这些因素在潜移默化地影响着员工的工作量以及工作表现，影响着企业整体改善活动的效果。而如何改善工作关系，自然也应该被列在其职责范畴之内。

生产产品就是生产人才

生产人才是工作关系管理过程中必须达成的目标。我们知道，企业改善离不开人才的推动。而要想让员工在工作上有杰出的表现，并持续改善他们的工作，企业就必须培养出一大批优秀人才。

改善离不开高素质人才

事实上，大多数汽车制造公司都采用移动装配生产线，它们很快意识到不能让能力欠缺的员工导致整条生产线的停产，因而员工必须具备最起码的能力，至少要能在规定的时间内顺利作业。丰田公司在早期改善与发展阶段也面临着这样的境况。

在丰田生产方式的早期发展阶段，其主要创造者大野耐一希望能快速推广他的一些理念，却发现丰田的员工尚不具备足够的能力。他在车间发现，想要完成某项作业，这需要具备多项技能的员工进行操作。但是在实施该作业的过程中，他却遇到了很多阻力。

因此，他意识到必须要有耐心，他开始思考如何培养能够支持自己理念的员工。他知道，自己不能一味地命令员工遵循规则（尽管大家都知道，必要时，大野耐一是非常强硬的），他需要的是具备思考能力的员工，因为在落实新理念的过程中，随之而来的挑战需要员工运用思考能力。事实上，构建工作流程的真正意图是让问题浮出水面，从而迫使员工思考如何解决问题并帮助他们提升自己的能力。

仅仅依靠几位管理部门的专家，是无法应付大野耐一加速推广丰田生产方式时必然会遇到的所有问题的，因此将导致该制度的失败，甚至导致丰田生产方式很快地分崩离析。丰田生产方式和大野耐一需要的是一大批能干的优秀人才作为支撑。

当大野耐一意识到优秀人才的重要性后，他开始寻求一种能够满足这一需求的教导方法。他认为，美国在战后用来培训员工的工作指导方法正是他所需要的。自1950年起，该方法成了丰田用来培养员工的主要工具。

如今，丰田员工的个人能力已经成为了公司的标志，而很多公司的管理者也将丰田改善成果归功于对人才的培养。因此，管理者必须致力于"让员工成为人才"，而员工的职责则是让自己成为人才。

在生产中造就高素质人才

有的管理者可能会说：那么多企业仅仅对新员工进行了很少的培训，不是仍然运转着吗？

其实，这是因为这些企业允许其系统内有不同水平、不同能力的员工的存在。他们无须严格地把新员工或受训者同化为具有相同能力水平的员工，而这些新员工造成的影响确实有限。如果他们跟不上生产进度，那么，下一个作业环节便可以通过缓冲库存继续生产，企业上下并不关心员工是否表现得足够优秀，生产线是否得到了充分的改善。

而在丰田生产方式中，这种情形根本不可能发生。

在丰田公司，新员工的培训工作必须在保证最高质量与安全的情况下进行。这就是丰田生产方式的关键——该制度迫使每位员工在包括培训在内的所有方面都必须有优秀的表现。丰田生产方式的循环性使得该公司能够培养出更加能干的员工，而能力更强的员工又使得这套生产方式得以长期强化，如图 2-4 所示。

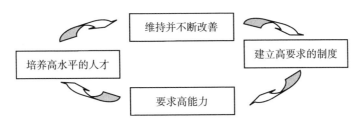

图 2-4　丰田生产方式与优秀员工

对于这个无限循环的过程，大野耐一曾如此解释道：在苦难中殚精竭虑做出来的东西，才可以成为通行世界的商品；而人们的智慧也唯有在生产改善的过程中，才更容易得到固化和提升。最重要的是，有了这样的人才，才有了丰田的成功改善，才成就了丰田的制造事业。

如今，我们常常可以从新闻上获取关于丰田的消息，这些新闻多半和公司的新成就有关，当然也免不了一些因丰田的严重失误而引起的大量报道。但从长期来看，这些挫折都微不足道。因为丰田拥有卓越的持续成长能力和获利能力，使之有能力从巨大挫折中快速恢复。没人能否认丰田所取得的卓越成就，而这与丰田在"生产"人才方面所作出的不懈努力是密切相关的。

所以说，管理者应秉持这样一种理念："生产产品就是生产人才"，并将"生产产品的过程中培养人才"视为己任，而员工也应在生产产品的过程中注重自我培养，以期为企业作出更卓越的贡献。

改善用的是智慧，而不是金钱

说到这里，我需要先介绍一种经常发生的现象：如果企业仓库里堆满了东西，一些人便归咎于品种多、数量少。虽然这完全是由于人们对这一混乱现象没有进行相应的改善所致，但作为应对措施，人们却往往会考虑增设货架、增建仓库等需要花费资金的方法来被动应付。实际上，正是这种逢改善必涉及资金投入的、缺少创造力的简单改善方法，使得很多企业谈改善而色变。

多动脑子，少花钱

很多时候，纵然针对同一问题，也可以制定多种不同的改善方案，资源投入量也截然不同。为什么呈现出这种状态？其关键在于人们是否愿意贡献自己的智慧。

一位日本企业管理者曾说起这样一件事：

我将同一项任务交给两位操作员执行。其中一位操作员接到任务后，无论怎么做都达不到要求的结果。于是，他向我汇报说："我完成不了这个任务！"当我问及理由时，他说："我是严格按照以前的操作方法来操作的，但是根本无法在要求的时间内完成这么多的数量，除非我们引进更先进的设备。"

而接受了同样任务的另一位操作员，却没有沿用过去的操作方法，而是对设备做了微小的调整，将工作步骤减少了两个，最终圆满地完成了任务。

很明显，第一位操作者仅仅在按照要求执行，而没有去积极尝试改善性做法。而第二位操作者并未要求企业引进新设备，却取得了成功，则完全在于他能够将自己的智慧融入工作中。

大野耐一常说："多动脑子，少花钱。"实际上，这句话也是对其多年实践经验的高度概括和总结。

大野耐一曾在工厂中发现这样一个问题：如果一位员工负责几台机器，那么当他从一台机器移动到另一台机器进行操作时，总是担心上一台机器会出现问题，于是便常常向后看一眼。

实际上，这是一种不必要的动作。如果员工始终存在这样的动作，那么引进多么先进的设备或系统会都不会使生产效果有多大的改善。

遇到这种情况，大野耐一常常向这样的工人喊道："别像个臭鼬一样！"（臭鼬被追逐时常常停下来向后看一眼），从而提醒工人的不当操作。

后来，大野耐一意识到仅仅提醒某个员工并不能杜绝这个动作。于是，在移动之前的操作动作中加入了核查因素，以免在移动后再发生扭头动作。

不让员工总是回头看，这本身并不是大的改善，也不需要额外动用改善资金，仅仅是大野耐一动了一下脑子，简单地调整了动作规范而已。然而，这一不花钱的小小的智慧应用却大大降低了员工因不当动作造成的浪费，改善了作业效率。

你的责任是调用智慧

其实，改善的实现完全可以通过另一种方法——调动起每一个脑细胞的活力，最大限度地运用智慧。

虽然"绞尽脑汁地想办法"这个过程看起来有些痛苦，但从结果上来看，却往往是最好的解决办法。这是因为，如果企业养成了花钱办事的恶习，那么人们做事时便不会开动智慧，时间一久，企业便失去了创造力。

所以，即便企业的资金非常充足，也不要轻易地用高价从外部引进设备或技术进行改善。如果企业员工能够经过反复钻研而得出改善良策，那么企业的竞争力才会真正得以提高。

企业员工应该认识到：用智慧改善，才是自己最大的任务。每个人都必须随时随地探究新的操作技术和手段，这才是真正意义上的改善。

指定现场改善的引导人员

引导人员在改善中的作用是不容忽视的。丰田在海外工厂取得成功的原因之一，就是推进丰田生产方式的人员都具有亲自制作并为他人示范的能力。如果缺少引导人员的示范，而仅仅流于口头指挥，那么是难以按照预期进行现场改善的。同时，引导人员还具有在实践中引导和推动企业现场改善的作用。

某家生产电子产品的工厂聘用了一些家庭主妇在下午从事兼职工作。引导人员发现，这些兼职人员所产出的不合格品大多出现在 15 时左右，而向她们调查这段时间到底心系何事时，常听到这样的回答：

"在这段时间我通常想到，这是孩子放学的时间，孩子是否能找到我放在冰箱里的点心。""我开始在思考晚餐的事情，而且在想应该向谁询问关于哪家超市大甩卖的信息。"……

通过与兼职人员的访谈，引导人员决定在 15 时设定休息时间，以供

员工在此段时间沟通。而休息过后，员工必须专心工作。由此，工厂的不
合格品率大幅降低。

可见，在企业推行改善的过程中，指定现场改善的引导人员是十分必
要的。

不过，一些现场改善的引导人员常常不了解自己的根本职责所在：他
们从事着一些"救火"、检点人数以及为完成生产数量而不顾质量的工作。
此种现象的发生，是由于企业并未向他们解释清楚管理现场的方法，没有
明确地说明其应扮演的角色及管理职责。

引导人员的职责到底是什么

现场引导人员的工作主要涉及人、机、料、法、环、测六大方面，每
个方面都有对应的职责，具体如图 2-5 所示。

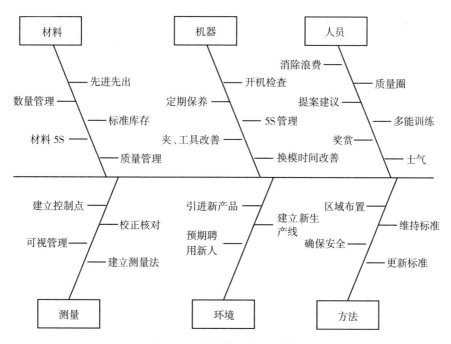

图 2-5　现场引导人员六大职责

仔细观察图 2-5 会发现，现场改善引导人员的主要职能有两个：维持及改善。

（1）维持是指要能保持现有的水平，确保所行之事不会失控，一旦发觉异常能迅速做出调整，以排除异常、恢复正常状态。

（2）改善是指通过持续不断地设定新的、更高的目标，来强化及提高现有的标准。简单地说，改善是指如何将现有内部的六大资源进行最佳的运用。

引导人员必须完成这些工作，以达成 QCD（品质、成本与交期）目标。管理层面临的真正挑战是要同时做好对质量、成本及交期的管理。引导人员不应仅将精力放在关心生产量目标的达成，不可以为了达到生产量的目标而牺牲了质量和成本。现场引导人员应当努力达到管理层及因顾客需求所设定的 QCD 目标。

日产汽车公司曾对引导人员的职责作出明确的规定：

（1）明确作业标准。

（2）训练员工，并确保作业员遵照作业标准。

（3）改善标准以改进现状。

（4）注意异常现象，并立即加以处置。

（5）创造一个良好的工作环境。

鉴于对其改善职责的界定，使得日本引导人员在参与改善活动时，坚持以改善为己任，不管在事实上还是在精神上，都将自己作为公司改善团队中的一份子。

引导人员必修课——晨集式改善

"晨集"是日本公司在日常管理活动中所采用的一种方式。由引导人员与其线上作业员共同在现场从事降低不合格品的日常活动。"晨集"的表述，是借用农民每天早晨带着他们的物品去集市贩卖而来的。而现场的"晨集"，是指每天早晨所做的第一件事，就是将他们所做的不合格品陈列在桌上，以便能根据现场现物的原则，当场尽早提出具体可行的改善对策。在"晨集"中，由引导人员及作业人员担任主导的角色，承诺不将相同的问题带到明天去。

现场的"晨集"活动，包括如下步骤：

（1）作业员将某一流程所产生的所有不合格品放入一个红色箱子内，并加以标示，并且将不合格品列于"质量晨集报告"上。

（2）每天早晨，引导人员带着报表及现物来到"晨集"集合处，并将不合格品陈列于桌上。

（3）引导人员及作业人员一起检查不合格品，按类别加以区分，并且讨论可行的对策。

引导人员及作业人员必须亲手拿着或接触这些现物（此例为不合格品），讨论为何会在某特定的场所（现场）发生问题，以及使用了哪一部机器设备（也是现物）。

当引导人员带领大家举办第一次"晨集"后，不合格品出现的概率将大幅减少，企业的生产及获利能力也将随之得到改善。

制定挑战性目标

成功的公司之所以能持续不断地成功，是因为其管理人员能够领导下属进行永无止境的改善，以及建立富有挑战的企业文化。这些公司也明白，一旦丧失了这种精神，特别是对于现场人员来说，他们就没有未来。管理层是否具有挑战精神，是决定一家公司成败的关键所在。像这样的挑战精神，应当是现场的主要支柱。

然而，现在大多数的引导人员已丧失了对挑战的热忱——他们仅沉浸在维持现状的水平。而在当今这个竞争激烈的环境里，人们对更高质量、更低价格和更迅速交货的要求日益严格，如果拘囿于维持现状，那么对于企业而言是没有前途的。因此，引导人员必须承担起自己的重要职责——对现状有充分的认识，保持更高的 QCD 目标，并领导员工永无止境地改善。

让每个人都主动地寻求进步

当然，改善并不仅限于上层领导的工作指派，它应该是从最高管理部门、管理人员到基层员工的一种主动意向。

被动推行改善永远是一种不可取的选择。试想：如果一项改善方案让执行人毫不感兴趣，根本不能使之投入热情，那么他们是不会乐于参与进去的。相反，如果仅仅将其视为"被动接受的工作"，那么他们不是牢骚满腹，发表不满的言论，就是不关注后果，随意执行。因此，从最终结果来看，被动推行改善常常是最具有隐蔽性而又极具破坏力的影响因素。

让改善更主动

在改善推行的过程中，人们的主动意识是最为重要的。佳能公司提出了"三自精神"，即自发、自治、自觉。也就是说，无论员工做什么事情，都要自己管理自己，认清自己的立场和职务。如果不能自发、自觉地思考并加以行动，那么工作无法变得有趣，其自身不会认同改善目标或行为，自然也就无法得到进步和成长。

当然，这种主动改善意识是需要由企业主导培养的。丰田与通用汽车在加利福尼亚工厂的合资企业 NUMMI 公司（新联合汽车制造公司）在这方面的做法值得借鉴。

在 NUMMI 公司，UAW（联合汽车工人组织）经谈判达成协定，同意工人参加改善。这说明工会既接受了管理层在改善中的作用，也接纳了工人参加改善，这将使工作标准得到提高。实际上，NUMMI 工厂中每个人都在谈论改善。为了实现改善，劳资双方第一次在工作中携手共同努力。要指出的是，管理层还作出承诺，他们将尽全力保障在车间内进行的改善活动不会减少劳动力的数量。

NUMMI 工厂中的许多工人都曾受聘于通用福利蒙特工厂，后者因缺少竞争力而关闭。这些工人很清楚自己必须生产出更优质的汽车才能保住饭碗。如果标准化的工作和改善能使工厂生产出高质量的汽车，那么他们自然会乐于主动寻求进步。

由此可见，要想使改善获得成功，得到每个人的认可是至关重要的。从劳资关系的视角审视改善，将会打开改善的新局面。

企业的许多活动都会陷于合作和对抗两个极端之间——合作指努力发展，对抗指抵触一切改进行为。实际上，企业与员工之间从来没有绝对的对抗，双方合作要比持续对抗更为积极，对企业和员工皆有益无害。

而对于员工而言，企业越具有竞争力，就越符合个人的最大利益，因为这将使其提高工资的几率增加。改善活动所带来的可预期收益，将使得每个人都乐于主动寻求进步的空间。

员工个体的进步空间

除了培养每个人对改善活动的认可度和主动性之外，强化所有个体的能力也应该在企业推行改善活动的考虑范畴之内。每个个体都是改善提案的执行者，唯有执行者积极致力于自身能力的提升，才有助于改善活动的进一步落实，同时也利于设计出更多更新的改善提案。

为了给员工谋求更大的进步空间，早在 1965 年，日本最大的百货公司之一伊势丹百货公司就已开始在两天的非工作时间里作出特别安排：将其中一天用于员工休息，而另一天则用于员工的自我改善和提升。当时，

公司总裁和工会主席联合发布了一份关于人力资源发展的声明:

　　伊势丹劳资双方在此宣布,在同一工作时间内,我们将携手在日常生活中尽全力发展我们的自然人格和能力,创建一个有利于发展的环境。

　　这份联合声明的哲学依据是:个人发展以及个人在工作中发挥的技能对公司和个人都有利;人们不断地寻求自我提升、机会平等的真正意义是为成长提供机会。

　　当然,员工自我改善的重点仍然在于员工自身。每个人都应该认识到自己的这项责任。

谨记:为自己而改善

　　一些管理者常常抱怨:"现在的员工自私自利,对公司的持续发展毫不关心。"其实,员工主动改善是需要经过一定的过程的,从一开始就想着"为了公司"发展而改善的人相对不多。

　　通常情况下,人们是"为了自己的成长"而参与改善与提升。如果自己能够成长,那么就能体会到改善活动中的乐趣,渐渐地也会表现出对改善的兴趣和热情。只有这种"自发的改善"才是最重要的。只要激起热情,人们就会觉得改善原来是这样的有趣。

　　酒卷久谈及他在自我改善方面的做法时曾说:"在进入佳能公司几年后,我结束工作回到家后也要揉着惺忪的睡眼拼命学习,周末更是坚持学习。后来,我终于得以第一次和一流国立大学毕业的精英对等地讨论问题,使自己取得更多进步。再后来,我不断地更换目标,直到现在我从来没有中止过学习与改善。"

　　事实上,当我们细数诸多成功企业的特征时会发现,其无不具有这样的特质:每个人都已将改善视为自己必须做的事情,是自己的职责所在。而这种责任感促使他们去面对每一种改善,无论是针对企业的,还是针对自己的。

当然，如果他们仅仅认识到了自己必须承担起改善的责任，这对于取得改善佳绩还远远不够；其成功的另一个重要因素在于企业上下是否具有改善的勇气和持续改善的热情。

激发每一位员工的改善热情

纵观无数的改善活动实例，改善者并不缺乏改善的勇气，但却缺少持久的改善热情。正所谓："赢在执行，根在热情。"缺少热情的改善，这使得他们常常半途而废，最后无果而终、不了了之，前期的所有努力被白白浪费。

热情是改善的持久动力

"湿柴点不着火。"缺少改善的热情，人们便不会积极地参与到改善中来；唯有对改善充满热情，才能激发出改善的灵感和创意，力求成就完美。

像日本，其本土并没有太多资源可供利用，但日本企业能够在第二次世界大战后迅速崛起。经过几十年发展，日本的汽车业已经严重威胁到欧美的汽车业；光学仪器和照相机威胁到德国；制表业威胁到瑞士；动画和游戏机更是席卷世界市场。这些变化主要归功于日本人对工作的认真，而且多数人会在工作中发现问题，寻找改善点，对工作抱着高度热情的态度，使之发挥出巨大的改善活力和创造力，其生产出来的产品日益完善，并得到世界消费者的广泛认可。

微软的一位人力资源总监曾说："我们要求微软的员工必须非常有激情——对公司有激情、对技术有激情、对工作有激情，只有这样的员工，才会为我们带来意想不到的创意和成果。"由此足见员工改善热情之于企业改善的重要性。

更重要的是，改善活动是一项需要长期进行的工程。如果人们缺少改善的热情，那么在推行过程中一旦遭遇挫折和失败，便会很轻易地终止改善活动。但是，如果改善者充满改善热情，那么无论改善之路多么艰难，他们的内心里仍然会迸发源源不断的动力，促使其为实现改善目标而全力以赴，直至下一轮改善开始。所以，在某种程度上而言，改善的效果和持久性往往跟人们的热情程度成正比。

当然，人们缺乏改善的热情，其问题的症结并不在于改善工作本身，而在于人们的"易燃指数"不够高，还没有达到能燃烧起来的程度。因此，如何燃起人们的热情才是至为重要的问题，也是企业管理者和员工的必修课之一。

改善热情是激励出来的

实践证明，点燃热情的一个最有效的措施就是激励。在改善活动开展过程中，笔者曾对改善活动的相关激励制度进行了调查。调查中，一些员工抱怨：即使他们工作得再出色，也很少会得到管理者的赞赏和激励。他们认为管理者只会找他们的失误，而看不到他们的进步，这使他们参与改善的热情大大降低，甚至回到原来不理想的工作水平或不良的工作习惯上。为什么会出现这种情况呢？

从心理学的角度来看，一个人的行为会受到外界推动力或吸引力的影响，这种推动力或吸引力通过个体自身的消化和吸收，会转变成一种自动力，使个体由消极的"要我做"转化为积极的"我要做"。个体的自动力越大，其行为也就越积极，反之亦然。

而每个人在达成目标后，都会自觉或者不自觉地衡量自己为达到这个目标所付出的努力是否值得。如果他的努力得到了及时肯定，那么对巩固其行为非常有利。也就是说，如果管理者对员工的进步表示赞赏，那么员工会将自己在改善方面付出的努力与赞赏有效地进行联系，并始终保持高度的工作热情。因此，企业管理者应及时地对改善行为加以激励，这样更利于调动并保持人们参与改善的积极性。

掌握激励热情的技术

激励很简单，但是有效的激励却并不容易。纵然将其称为一门技术，亦不为过。下面我们介绍几种常用而有效的激励方法。

（1）言之有物的赞赏

对于工作表现有改善的员工，一般性的赞赏远不及明确地指出他们的工作改善的具体情形及其重要价值来得有效。我们来看看以下两个例子中的不同之处：

"近来你的工作大有进步，我很欣赏。"

"过去两星期，你的错误率减少了 3%，我实在很欣赏，因为这样可以节省金钱、时间和原料。"

虽然第一个例子不存在错误之处，但是它的效果不如第二个例子那么明显。第二个例子明确地说明了员工已经完成的改善之处，明确的赞赏中表示出了管理者的诚意，使员工认为"我所做的工作值得赞赏"。这样一来，员工会更积极地投入到改善活动中，并巩固其曾经的改善成果。

（2）看得见的赞赏

那些参观了丰田汽车制造工厂和实践了丰田生产方式的公司，它们都制作了"改善地图"。工厂的生产线被画成了图，在图的各处写有员工的名字，有时还会贴上员工的照片。

在这些公司中都有这样的制度：在员工提出的改善提案中，特别优秀的方案，以"为生产线的这个部分改善做出了贡献"的形式，将他们的名字和照片贴在上面。这种"改善地图"被贴在参观路线上，很多人都可以看得见。这对改善提出者而言，是非常感到自豪的。

（3）系统的奖励

上述两种方法的激励效果往往是立竿见影的，不足之处在于效果不够长久。为了持久地激发员工的改善热情，企业可尝试建立一套改善建议系统，根据员工改善的价值评估结果来落实相应的奖励。以爱信华纳公司为例，其设计了这样一套奖励体系，如表 2-3 所示。

表 2-3　爱信华纳的改善奖励表

奖励等级	得分	奖金
总裁奖	56 分以上	30 000 ~ 300 000 日元
委员会主席奖	36 ~ 56 分	7 000 ~ 20 000 日元
创意奖	创新性 + 努力超过 32 分	价值 5000 日元的纪念品
A 级奖励	19 ~ 35 分	1 500 ~ 5 000 日元
B 级奖励	7 ~ 18 分	500 ~ 1 000 日元
C 级奖励	1 ~ 6 分	200 ~ 300 日元

为了调动员工参与改善建议系统的积极性，佳能公司等企业还特意制定了必须遵守的原则，如"永远对为改善而提出的建议作出积极的回应"，"帮助员工更轻松地写出有帮助的改善建议"，"尽快地实施建议，在企业得到收益前给予人们奖励"，等等。

有了这样明确而健全的奖励机制，员工的改善热情便会得以长期保持下去。

激励技术不可计数，这里不一一列举。若能将各种激励技术有效地付诸应用，将非常有助于激起众人的改善热情，使得改善更易于落实、见效。请大家谨记：采取有效的手段来激发改善的热情，无论是对自己抑或对他人，都应该是企业管理者的职责所在。

第 3 章
改善要从重视问题开始

　　企业不可能一成不变，不断改善与提升才是永恒的主题。但重要的是，人们是否具有发现问题的火眼金睛，是否能够具有持续的改善精神。那些一流企业早已深谙这一管理哲学，无论在企业发展的何种阶段，企业中都悄然涌动着改善的浪潮，员工的内心中也始终洋溢着改善的激情。

那些留在我们记忆里的阵痛

长期以来，"德国制造""日本制造"的产品为全球制造业所推崇。然而"中国制造"的发展却有着颇为艰辛的历程。

2007 年，"中国制造"经历了一场史无前例的出口之灾：从宠物饲料、儿童玩具，到药品、牙膏，"中国制造"的各类产品陆陆续续地遭到欧美禁控，中国制造的产品的负面新闻在国际间一直被热炒。

一时间，国际上对"中国制造"质量的批评声浪不可谓不高。负面的消息，民众的担忧，再加上一些媒体的炒作，使"中国制造"在大举进军国际市场的道路上被妖魔化，逐渐成为"低端""劣质"的代名词，一场极具毁灭性的国际声誉危机铺天盖地而来。

"中国制造"需要自我救赎

为了重新建立"中国制造"在全球市场上的声誉，提高中国制造的产品的全球认知度，我国商务部于 2009 年购买了为期 6 周的广告时段，用于在 CNN（美国有线电视新闻网）等国际主流媒体上播出一则长达 30 秒的商业广告，内容是宣传在全球化大背景下，中国制造的产品实际上也是世界各个贸易体共同分工协作、盈利共享的成果。

但是，仅仅借力于政府行为，并不足以让"中国制造"的形象得到改善。彻底扭转乾坤之手，仍在于"中国制造"本身——中国制造要想谋求更长远的发展，就必须走上自我改善与持续改善的道路。然而在管理实践中，中国企业的自我救赎力度明显不足。

一方面，仍然有无数的企业管理者驻足于微笑曲线的最低端，坚持简单制造而徘徊不前。

我们知道，在整个产业链中，除了加工制造环节，还有六大环节：研发设计、原料加工、订单处理、物流运输、批发经营、终端零售。如果整个产业价值链创造了 10 美元的价值，那么这六大环节所创造的价值便达到了 9 美元。也就是说，它们是整个产业链里最有价值、最能赚钱的部分。

那么，剩下的 1 美元薄利情形又如何呢？中国的某些制造企业通过资源消耗极多、环境破坏性极大的加工制造才能获取这 1 美元，更要命的是，即便是这微薄的 1 美元利润，如今仍被持续地压缩。虽然一些制造企业为利润空间的极其窄小而苦恼，但它们并未反思利润微薄的根源所在，也不思考自我改善之策，更不用说将改善现状付诸行动了。

虽说目前在某些专家或咨询师的帮助下，也有部分管理者业已开始着手进行改善，但遗憾的是，一旦改善过程中涉及与利益相关的事项，他们便立即选择放弃改善。由于对改善缺少必要的敬畏精神，改善活动便常常如同一场即兴的活动，开始或停止皆率性而为，而随着改善活动最终的不了了之，企业的管理状态也复归原点。

转型升级，"中国制造"的救赎之路

自 2010 年起，"中国制造"所面临的环境日益危急——国际信誉度没有发生实质性好转，而一些外国企业设立在中国的代工基地也开始发生转移。

跨国巨头耐克公司在全球设立了约 600 家代工厂。在 2007 整个财年，其位于中国大陆的代工厂为耐克公司生产的鞋类产品，占到耐克公司所有代工厂总量的 35%，而同期越南、印度尼西亚、泰国代工厂所生产的鞋类产品占其总产量的比例分别达到 31%、21% 和 12%。

耐克公司的财报数据显示，大约从 2010 年开始，越南就已经逆袭，取代中国成为耐克公司在全球代工厂里最大的加工商。2020 年，印尼取代中国，成为耐克公司鞋类产品的第二大制造国。中国则降至第三。

2020年，越南生产了耐克公司50%的鞋类产品，2021年，该比例进一步升至51%。与此同时，中国的生产占比则从2006年的35%逐渐降至2021年的21%。

如果"中国制造"不能实现有效的转型升级，即没有占优势的科技与制造工艺，那就只能是"别人的代工厂"！制造业的员工就只能是薪水微薄的劳动力，从事没有或低技术含量的工作。一些清醒的企业家开始认识到："'中国制造'不能仅仅停留在代工阶段，而要将'制造'转化成'创造'。"

中国制造转型升级政策的出台，表明从国家层面制定了制造强国战略。一批又一批中国制造业的企业家与经营管理者知耻而后勇，在技术上不断革新、在管理上不断改善、在品质上不断精进。时至今日，我们也涌现出了一批像华为、格力、大疆、福耀等优秀的企业，它们的产品已经做到了行业领先，在全球市场上也极具竞争力。

在时尚快消品行业，耐克、阿迪的产品也受到了中国本土品牌产品的冲击，安踏、李宁等国潮品牌的崛起，在一定程度上抢占了耐克、阿迪等国外老品牌在国内的市场份额。

为什么我们还对问题视而不见

以前，我们经常会听闻一些管理者抱怨改善困难，企业中常常出现一些员工对问题视而不见的现象。其实，这恰恰是改善之难点所在。

改善始于问题，更准确地说，是始于人们对当前问题的认知。如果改善者对这些问题的认知度欠缺，那么势必会妨碍其有效地改善问题——要么使改善延误，要么使改善效果打折。

改善难在哪里

通常情况下，人们无视企业问题的行为有两种表现。第一种表现是不承认问题。很少有人承认自己的行为或工作存在问题。今井正明在其著作《改善》一书中写道：

我仍能清楚地回忆起20多年前我的第一次销售拜访经历。在结束为期5年的日本生产力中心（位于美国）的工作后，我开始了管理咨询师的生涯，踌躇满志地拜访潜在顾客。

第一个拜访对象是日本露华浓公司。从露华浓（纽约总部）的一位执行官那里，我了解到东京方面的管理者需要得到一些帮助。于是，当时在咨询行业里仍是新手的我，鲁莽地闯入了总经理的办公室。在自我介绍时，我开门见山地说："对于你们在日本存在的问题……"那位美国经理毫不客气地打断了我："我们在日本没有任何问题。"拜访就此结束。

自那以后，我开始变聪明了，再不讨论顾客的"问题"，而是讨论"能带来改进的机会"。

人的本性决定不想承认自己有问题，因为承认存在问题就意味着承认自己的失败和弱点。就像今井正明所拜访的那位美国经理一样，生怕别人认定问题的部分原因出在他那里。

第二种表现是忽略或掩盖问题，这是企业经营中最糟糕的情形。

2021年11月24日，因一则"拉夏贝尔被多位债权人申请破产清算"的消息持续发酵，平时观看人数寥寥的拉夏贝尔淘宝直播间突然罕见地涌入了超过20万人，将原本略显平静的直播间炒了个火热。这些因各类社交网络上流传的"破产""捡漏""倒闭"等消息闻风赶来的消费者，对于这个自己曾经"爱过"的品牌的悲凉现状多少是感到有些惋惜的。

这个在十几年前就喊出要做"中国版ZARA"的服装品牌，曾经一度十分辉煌，凭借着独特的风格，征服了无数年轻女孩。2014 年，拉夏贝尔赴香港上市，被称为"中国女装第一股"，三年后又登陆 A 股市场，成为首个"A+H"股服装品牌。巅峰时期，其门店数一度飙升至 9448 家，成为中国服装界当之无愧的"店王"，市值达到 120 亿元，营收更是突破了百亿元大关。

然而，被誉为"国内发展速度最快的女装品牌"的拉夏贝尔，坠落速度同样极快，疯狂扩张的后遗症很快开始凸显。从 2018 年至 2021 年，仅三年多的时间，拉夏贝尔关店 9000 多家，亏损超 40 亿元。更重要的是，一味扩张后的"创新缺位"，也让质量与设计跟不上用户需求的拉夏贝尔逐渐被消费者抛弃，成为"又贵又不好看"的品牌。

根据"财经网"在社交平台上发起的投票——"拉夏贝尔每天关店13 家，你认为问题出在哪里？"，文章截稿前已经有 24.6 万人参与了投票。其中，45% 的人选择了"设计土气，审美观过不去"，41.4% 的人选择了"价格贵，质量跟不上"。总结起来，拉夏贝尔已在消费者心中形成了"土""贵""质量差"的形象。

调研结果显示，拉夏贝尔存在的核心问题在于产品——没有跟上消费者的步伐，没有适时满足消费者对服装趋于个性化、时尚化及流行化的需求。这放在任何企业都是一个非常致命的问题，毕竟产品是基石。一些企业家在追求经营规模的过程中，往往忽视最根本的产品问题，盲目自信地以为可以通过快速扩张使企业实现从量变到质变的发展。

是什么导致人们无视问题

关于这个问题，曾有很多心理学家通过实验来探究其根源所在。

心理学教授邓巴尔曾进行了一个脑部扫描实验。在实验中，当被试验者（一群科研人员）发现一个意料之外的结果时，其前额叶皮层背外侧区的一个区域便迅速活跃起来。依照邓巴尔对脑部扫描电路模型的解释，这一大脑反应相当于"删除"功能。做过编辑的人都知道删除键的妙用：消除那些无价值的东西，以便让精华部分得以清晰地呈现。但是对于科研人员而言，如果他们的大脑习惯性地"删除"那些不寻常的数据，又如何发现问题，继而作出改善和创新呢？

还有一位心理学家做了类似的"猩猩实验"。在他的实验中，实验者被要求观看一部录像。录像中，有分别穿白衬衫和黑衬衫的两组队员在打篮球，实验者被要求记下其中一组队员的传球次数。在录像即将结束时，一个穿猩猩服装的人走到了两队的中间，朝着镜头捶胸顿足，之后离开。结果显示，约有 50% 的人根本都没发现这个穿猩猩服装的人。而一名参加实验者表示，根本就没有出现穿猩猩服装的人，其他一些参加实验者则认定心理学家在他们没留神的时候偷换了录像带。

这两个心理学实验结果都说明了一个问题：人们在犯错误时下意识地予以否定，这完全是人性的必然。在现实生活中，促使人们产生这种本能有两个根本原因，一是精神层面上的原因，二是物质层面上的原因。

精神层面上的原因主要是自尊心作祟。通常情况下，人们把犯错或问题视为异常，认为"丢面子"，如果自己的错误被公开，并因此受到他人的指责，简直是一件要命的事情。因此，人们通常不会和他人分享问题，而总是不动声色地尝试自己隐瞒问题。

而物质层面上的原因，主要是指经济上受损。伴随着问题的被发现，人们很可能因存在问题而受到惩罚，导致个人利益受损，这是人们不愿意接受的。

研究表明，尽管许多企业都希望能够从错误中吸取教训，但却总是"难以成行"。一旦牵涉到众多利益之争，那么"从错误中总结经验教训"便会成为一件"几乎不可能"的事情。更多的人宁愿花费大把的时间和精力，来为自己的错误作辩护，也不愿意主动坦承自己所犯的错误，从中吸取必要的教训。一些管理者否认问题的存在，一些制造工人将问题产品藏起来，或是对机器设备的潜在故障不予申报，往往都是基于这个原因。

而一些企业领导者也经常进行自我辩解，这更使得企业上下无视问题存在的现象愈演愈烈。

不如换个思路

对于上述问题，卡耐基曾在《人性的弱点》一书中进行了深刻的阐释。书中有一段话非常精辟："承认错误虽然是件好事，但愿意承认错误的人毕竟很少。由此，也等于证明，你要别人认错是一件蠢事。"不过，即便如此，人们仍然应该意识到自己存在的问题。因为问题是客观存在的，它不因人们的不喜欢而消失。

日本全面质量控制活动中有一个非常流行的词汇，叫作"准缺陷"。准缺陷是指那些不太严重、但也不算正确的事情。然而，即便是对于这类问题，如果置之不理，也可能造成巨大的损失，更何况是那些已有迹象显露却被人们故意隐藏起来的问题。

所以，日本企业提倡并鼓励员工寻找准缺陷，并及时地向管理者或领导者报告；而后者也欢迎员工进行这类汇报，积极地接纳并给予员工改进的机会，而不会责怪带来坏消息的人——他们为能在问题初露端倪之时被发现而感到高兴，因为他们将问题视为"开启秘密宝藏之门的钥匙"。

如今，一些成功者已经开始尝试主动发现问题，并自我纠正。比如沃伦·巴菲特，他曾在 2009 年致股东的信里进行了自我检讨，并给自己提出了一系列的行为标准：

"2008 年，我进行了一些愚蠢的投资。我至少犯了一个重大的错误，还有一些错误虽然不是太严重，但也造成了不良的后果。此外，我还犯了一些疏忽大意的错误。当新情况出现时，我本应三思，然后再迅速采取行动，但我却只知道咬着大拇指发愣。"

其实，这类检讨的话不仅应该在企业的董事会上被听到，在小组讨论会上也同样应该被听到。对问题视而不见，只会让问题自此积累，直至如火山爆发般喷涌而出；而主动发现问题，却会成为企业改善的起点，有利于取得更大的成效。

把所有问题摆在桌面上

在很多企业中，员工将"不停止生产作业"视为最大的工作业绩。这也是导致他们对问题视而不见的直接原因之一。然而，世界上没有不出问题的现场。如果生产现场没有问题的话，这只能证明机器的生产效率尚未得到充分发挥。

所以，企业最应该做的是：生产线一旦出现问题就马上停止，将所有问题都一目了然地摆在桌面上，然后通过全员讨论进行不断改善，最终打造一条效率越来越高的生产线。

让问题看得见

在 20 世纪 50 年代，大野耐一提出"将工作中发现的劣质产品放在所有人视线所及之处，绝不可隐藏起来"的要求，并且在丰田工厂里强力推行。

当时，人们普遍认为"出现劣质产品就等于技术不过硬"。一旦出现劣质产品，工人们便会习惯性地将其藏匿起来。故而，无论大野耐一怎样强调"不要隐藏劣质产品"，员工们都不会心甘情愿地去做。

一天，大野耐一到工厂视察生产情况，工人们都在聚精会神地埋头工作。突然，大野耐一大声喊道："这是怎么回事？"声音大得让所有在场员工都吓了一跳。生产小组长赶忙跑过来，大野耐一指着一些被藏在角落里的不合格半成品大声训斥："为什么要藏起这些不合格品？我已经说过无数次——一旦出现不合格品，就立刻停止生产，并把它们放到通道中。为什么你们不按我的要求去做？"大野耐一气愤地将不合格半成品全部扔到了通道上，反复强调"不要隐藏不合格品，把它们全部放在通道中，让所有人都看见"，并对生产线长给予处分，然后转身离去。

为什么大野耐一固执地要求员工们将劣质产品放在所有人都可以看见的位置呢？

通常情况下，在出现劣质产品时，人们往往会考虑"随后再处理"，然后习惯性地把它们藏在某个角落里。可是，生产线仍然在继续运转，并没有人发觉它已经出现故障。由于没有及时采取任何措施，人们在不知不觉中重复着同样的作业，制造了巨大的浪费。即便人们在第二天发现了故障，立刻思考解决对策，但至少也已经让浪费持续了一天的时间。

所以，大野耐一反复强调，一定要将劣质产品放在所有人都能够看见的地方，由大家共同探讨导致问题出现的真正原因（并非表面的原因，而是最深层的原因）。然后，再共同商榷避免同类问题重复发生的有效方法，这是非常重要的。

例如，一旦在装配作业过程中发现了劣质产品，就要立刻停止生产线，将劣质产品放在所有人面前。接下来，所有人一起思考"为什么会出现故障""怎样解决会更好"等问题，这样就可以轻松而快速地实现改善。

互相信任，至为关键

对于很多人来说，虽然已经明白"将问题摆在桌面上"是非常重要的事情，但是真正实施起来却感到难度颇大。因为一旦出现问题，他们不自觉地害怕被批评。如果让他们迅速向上级汇报出现次品或其他不好的消息，这需要他们鼓起相当大的勇气。

同时，如果管理者推卸责任，对员工说"我不管"或者"自己惹的祸自己处理"之类的话，那么这种旁观者的态度同样会使"把问题摆在桌面上"的目标无法实现。

正是基于此，日本丰田生产方式一直在强调一个观点：养成"彻底改善摆在桌面上的问题，防止问题再次发生"的态度，这比什么都重要。

而要养成这种习惯，同事之间的相互信任也是必不可少的。所以，企业管理者和员工就应具有以下意识。

小建议：

1. 承担起自己的责任，该作出决定时迅速作出决定。

2. 绝不明哲保身，不要事后诸葛亮，指手画脚。

3. 指出问题时，必须同时提出具体方案，否则难以获得信任。

不要忽视小问题

不过，人们通常认为能摆在桌面上的问题必然都是大问题，于是一些看起来稍小的问题便成了被忽视的对象。然而，如果我们愿意将这些小问题摆在桌面上，就会发现，其实这些小问题也并不小。

"A，拿着那个箱子跟我来！"

在生产现场监督改善的新员工 A，突然被大野耐一这样叫了一声。这时，大野耐一已经开始快速地向前走，A 赶紧拿起木箱子跟了过去。

大野耐一一边巡视生产线，一边往前走。现场工作人员都非常害怕，低头默默地工作。A 则拿着箱子紧跟在大野耐一身后，感觉非常滑稽。

终于巡视了一圈，回到开始巡视之处。大野耐一开口道："你没有看见生产线旁边散落的零件吗？""看见了。""那为什么不把它们捡起来？""您只是说让我跟在您后面，并没说要把它们捡起来。""赶快再去走一圈，把零件全都捡起来！"

于是，A 又拿着箱子回到生产线，把零件全部捡到箱子里，回到大野耐一面前。大野耐一从中拿起一个零件放在手中，问道："知道这个零件多少钱吗？"A那时只是一个刚刚加入丰田的新员工，对于零件价格一无所知。

"我现在把箱子里零件的价格告诉你，你来算算一共值多少钱。"

A赶紧按大野耐一说出的数十种零件的价格——加在一起计算，没想到，计算结果令他非常惊讶：那些看来毫不起眼的、散落在生产线周边的螺丝、按钮等零件，似乎都不值几个钱，然而全部加起来后竟然得到了一个庞大的数字。

可见，任何问题都会给企业造成影响，即便是小问题也不容忽视。因此，我们要有意识地将所有问题（无论大小）摆在桌面上，共同检视问题的影响力，发现问题的根源，找到解决问题之良策。

为了促使企业上下形成这一意识，可以采取一些有效的方法，如5S、可视化等（这些内容我们将在后文具体介绍）。这些方法可以帮助企业管理者和员工形成良好的问题处理习惯，获得成功的处理结果，同时使其问题意识在强制执行中得到不断强化。

改善，让每个人变得更加优秀

正如"任何企业都存在问题"一样，企业中的任何个体也存在问题，从"外行"到初级入门者，到专家……始终都存在可待改善的空间。

然而，即便人们都很清楚改善之于个体的益处，但仍有不少人一听闻"改善"二字，便立即心生抵触情绪。他们认为，如果工作效率提高，那么就必然会导致某些人失业，改善与裁员之间完全画等号。

对此，一些成功企业已做了积极的示范：当效率或业绩提高后，它们积极拓展渠道（如开发新项目），来转移因效率提升而出现的人员剩余。这些员工不会因效率提升而失去工作，只是被转移到其他更适合他们或需要他们的岗位上，继续为企业创造更多的业绩。因此，人们无须烦恼于改善后的人员安置问题，而更需关注的是企业进行人员转移时的依据。

通常情况下，企业会根据每个人的工作能力水平来进行岗位调整。而一个人的工作能力水平，在很大程度上取决于他从问题改善活动中不断获取并逐步积累的经验的多少。

用经验"量"打造每个人的"质"

事实证明，一个人只有借助问题改善活动而拥有了足够的经验"量"，才能提高其从业的质量，确保其有能力接受更高水平的挑战。最直接的改善实践是最利于增加经验的。

以制造业中的产品设计为例，在过去，设计人员需要通过不断的试制（如削磨金属板、打孔、用锉刀锉等手工作业），才能创造出优秀的设计方案。因为，一旦设计错误，致使孔洞的位置出现偏差，那么就必须重新再试一次。产品设计的成功是由人们通过自己的五种感官，在经历了无数的试行错误和增加大脑的经验值之后实现的，与设计人员是否能够在接下来的设计中有所改善紧密相关。

现在，设计人员主要依靠高科技技术进行模拟仿真。虽然计算机模拟是虚拟的，但同样可以帮助他们掌握每次模拟的精华部分，在一次次纠正与改善活动中积累更多的经验。

而无论是过去还是现在，使得人们实现成功设计的关键，就是设计人员是否能够在持续的问题改善过程中取得足够的经验。

当然，经验的积累也要求个体具有主动意识。佳能电子社长酒卷久曾在《为自己而工作》一书中提及自己的工作方法：

就我而言，无论是被分配到哪个部门中，我在工作时都想着要超越那个部门的最高领导。后来，我成为课长、部长，便开始琢磨如何成为"行业第一""日本第一""世界第一"。

可以说，我是凭借着"为实现梦想该怎么做"的想法一直工作的。我把上司分配给我的工作，按照我自己的方式（梦想这一附加价值）去做，以此激发自己的积极性，直到我成为佳能电子公司的社长，仍然这样要求自己。

现在，我的梦想是"使佳能电子公司成为世界一流水平的高收益企业"。为了实现这一梦想，很有必要去除一些"脏"东西（把一些没用的东西去除，追求业务的高效率），并思考解决问题的办法。

可见，酒卷久之所以变得越来越优秀，正是得益于他能够针对自己工作中的问题提出不断改善的要求。如果一个人做事时仅仅是基于上司或他人的要求，而自己并不知道应该如何改善，那么他永远也不会作出有效的改善。

大野耐一曾在晚上做出指示："这里不好，把这里这样改一下！"随后，员工迅速地按照大野耐一的指示做了。但是，第二天，操作员工却被大野耐一训斥了："你为什么完全照我说的操作？你要用自己的智慧去改善我的建议！"大野耐一认为，无视情况变化，仅按照上司所说的话去做，没有任何改善意识的执行，对企业而言是无益的。

对于员工个体而言，欠缺主动思考的执行工作做得再多，也难以获得足够的经验，很难实现真正意义上的能力提升。而如果一个人在工作中持有自己的改善目标——需要纠正的问题点，那么他的工作也会更有效，其工作能力也会得到提高。

为员工提供改善的机会

若松义人、近藤哲夫曾提出这样的观点，企业应该为员工安排一些有价值的工作，这样会使员工的目标更清晰。

我们知道，制造现场的工作通常非常单调枯燥。比如，重复地拧螺丝，这些工作有时着实令人厌烦。如果员工已经对工作感到厌倦，那么他最常表现出来的就是逃避工作，逃避作出改善。

为了避免这种现象的发生，一些企业采取了这样的方法，即"让员工清楚地说出自己在做什么，如何再加以改善"。比如说："我正在做仪器板，如果精度再精进 0.01 微米，那么顾客的产品不良率会大大降低。"这样，员工便为自己设置了工作改善的提示。

而为了有效激励员工，使员工了解自己当前的工作表现中尚存在哪些不足，企业还可以用"星取表"的形式将员工工作能力方面的信息张贴出来，让所有人都能够看到。表 3-1 是某公司制作的总务关系星取表。

表 3-1 总务关系星取表

人名	时间表制作	文件制作	电话接待	电子文件管理	制作股价推移表
A					
B					
C					
D					

人名	卫生管理	员工生日准备	研讨会准备	待客应对之策	备用品管理
A					
B					
C					
D					

注：▦ 独立完成作业　　▦ 按预定作业　　▦ 迅速处理异常　　▦ 能够指导他人
　　□ 无业绩　　　　■ 现状值　　　　■ 挑战中　　　　■ 目标达成

员工通过阅读"星取表"，即可了解自己在工作实践的哪些领域，尚需要作出何种程度的改善，从而使得员工远离惰性，聚焦于自己的工作实际和个人业务能力的改善。

毋庸置疑，无论是企业主导推进的改善，还是员工主动参与的改善，都必然会促使员工的工作能力一步步得到提高，让每一个人都变得更加优秀，同时也带来企业整体竞争力的提升，而这也是企业改善的终极目标。

中国制造，从持续改善做起

言至此，相信读者朋友们已然发现："改善"是所有企业全力关注的焦点。改善活动有力、长效的推行，关乎中国制造的未来。

积极的改善意识

时刻反省是否尚存改善的空间，这是企业进行问题改善的关键。不可否认，一些企业在未达成目标时，也会反思为什么没能达成目标，但往往将责任归结为与自己无关的方面，如"由于经济不景气，产品销不出去""因为通货膨胀，销售量下降了""受到国际贸易的冲击"，等等。总之，人们会对"为什么不行"找出各种各样看似合理的理由。

然而即便在这样一个不理想的经济环境下，那些在"交货期、质量、成本"等方面具有优势、又能不断改善自身能力的企业，其订单仍然蜂拥而至，令它们应接不暇。因为，尽管经济不甚景气，但是社会需求始终存在。而企业如果能够适应需求，能够自我反省并改善，那么自然会有持续不断的销售。

大野耐一经常思考"有没有即使数量减少，还能提高劳动生产率的方法呢？"正因如此，即便在日元升值、经济不景气的情况下，他也从未发慌。他认为，不应该把经济不景气当作"不能达成目标的借口"，"比起卖得好的部门，倒不如去负责卖得不好的部门，因为有那么点迫切改善的需要的话，干起活来就有劲"。

当然，即便目标暂时达成了，企业仍然需要继续反省，将成功经验加以提炼和灵活运用，同时挖掘可以更进一步的空间。

总之，无论在什么时候，企业都应保持谦虚的态度，积极地寻找改善点，探讨改善的最优方案——积极的改善意识是有力推进企业发展和进步的最为关键的要素。

小建议：

1. 不要找借口拖延，这只会让你丧失行动力，而不会将任务拖至自然消失。

2. 不必追查改善某个问题是谁的职责，每个人都应该以改善企业的问题为己任。

3. 不要以为自己偶尔才会犯错误，实际上我们几乎天天都在犯错。改善必须持续进行，方能取得成效。

娴熟的改善技术

事实上，"改善"不仅仅是一种意识，一种策略，更是一门技术。

近年来，中国企业进入世界 500 强行列的越来越多。这源于许多中国企业不遗余力地尝试提升管理水平和绩效，并借力于各种成熟的技术来推进改善。

企业中常见的改善技术如图 3-1 所示。其中，"六西格玛管理"是摩托罗拉著名的生产管理体系；而"双环学习法"是哈佛大学的克里斯·阿格瑞斯发明的并被证实非常高效的改善方法。

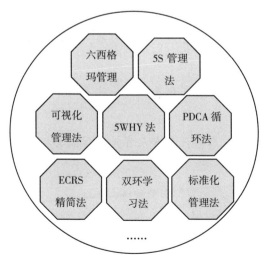

图 3-1　常用的改善技术

20 世纪 80 年代，摩托罗拉公司提出六西格玛管理方法。自 1986 年至 1999 年，摩托罗拉公司的生产率以每年 12.3% 的速度增长。

西格玛是用来衡量标准误差的统计单位。生产误差率一般为 3 ~ 4 个西格玛。3 西格玛相当于每 100 万次操作中存在 66 800 次失误，4 西格玛相当于每 100 万次操作中存在 6210 次失误，5 西格玛相当于每 100 万次操作中存在 230 次失误，6 西格玛相当于每 100 万次操作中存在 3.4 次失误，7 西格玛相当于每 100 万次操作中存在 0 次失误。

随着通用公司的应用实践，六西格玛管理方法逐渐推广开来。2002 年，海尔集团开始引入六西格玛管理方法；2004 年，六西格玛管理方法在洗衣机生产线试点成功；2005 年，在咨询公司的帮助下，海尔集团将六西格玛管理方法融入生产、销售、服务中；2007 年，集团开始全面推广六西格玛管理方法。海尔借助六西格玛管理方法，不断追求公司推崇的零失误和零缺陷质量标准，有效提高了海尔产品的整体水平。

精湛的改善技术给诸多企业带来了效益。然而，在实践中，即使引入了诸多的改善技术，部分企业内部却依然存在因改善意识不足，技术难以发挥预期作用的现象。企业管理者和员工对以下现象一定不会感到陌生：

1. 从外部盲目引进的管理模式，照葫芦画瓢地机械模仿，改善无果而终。

2. 不知改善源头，不明改善方向。改善的口号震天响，却没有实际行动。

3. 技术培训无人参与，没有人真正懂得改善技术，改善过程和改善效果难以控制。

……

面对这些现象，纵然有再多技术资源也难以发挥出实际作用。企业应将改善意识的培养和先进改善技术的应用有机融合在一起，让全体员工形成积极的改善意识，掌握娴熟的改善技术，真正学会改善，将改善转化为企业的能力。可以说，改善意识和改善技术是中国制造企业推行改善的两个基本点和关键点。

大国崛起与中国制造

经过多年的改善和发展，"中国制造"已日益摆脱往日的阵痛，向世界亮出了一张张闪亮的名牌。大到 5G 通信、高铁、核电等技术装备引领世界，小到手机、家电等创新产品进入各国寻常百姓家，中国已经成长为名副其实的制造大国。

中国制造以持续改善突围

在中国制造业几十年的发展历程中，善于学习和勇于创新的人们一直在努力甩掉"来料加工、贴牌生产的世界工厂"标签，以持续改善在竞争中不断突围。

格力集团成立于 1985 年 3 月。经过三十多年的培育和发展，格力集团已经成长为集家用电器、房地产、石化三大板块综合发展的企业集团。截至 2021 年，格力集团已开发出包括家用空调、商用空调在内的 20 大类、400 个系列、7000 多个品种规格的产品，拥有 1100 多项国内外专利。

格力集团作为中国民族品牌的代表，一直致力于用具备核心竞争力的优质产品和专业服务获得全球消费者的认可。早在 1999 年，格力集团就投入数百万元巨奖推行"零缺陷"工程，严控产品质量，促使全体员工养成持续改善的习惯。随后不久，格力集团引进六西格玛管理方法，持续进行改善。与此同时，为了解决空调技术被日美企业垄断的局面，格力集团投入大量的技术研发费用和人员开展技术攻关，以打造真正的"中国品牌"。2012 年，格力集团董事长董明珠提出，格力集团结合近二十年的质量管控经验，逐步创建了"让世界爱上中国造"的完美质量管理模式。可以说，格力集团在追求完美质量中不断探索，持续改善，进而赢得了消费者的信赖。

格力集团早已成为行业的龙头企业。在北京大兴国际机场、珠港澳大桥等国家级工程中都能看到格力集团的身影。经过多年的发展，格力集团在海外市场中也占据了一席之地。与格力集团一样，华为、美的、海尔、大疆等这些优秀民族品牌也成为中国制造崛起的践行者。

从"中国制造"到"中国创造"

在我国制造业转型的关键时期，各行各业都在主动承担创新发展的使命，不断通过技术创新和精益化管理为从"中国制造"到"中国创造"保驾护航。

2019年12月以来，受新冠肺炎疫情影响，各国医疗系统都面临着巨大的挑战。新冠病毒检测盒、新冠病毒疫苗等医疗产品需求激增。为支援抗疫一线，中国科研机构、各生物药业公司的科研团队加足马力开展研究，产出了一系列先进的科研成果。江苏硕世生物科技股份有限公司在全国率先推出新冠病毒检测试剂，上海芯超生物科技有限公司创新性地研发出"新冠病毒（2019-nCoV）IgM/IgG总抗体快速检测试剂盒"。中国国药集团中国生物、康希诺、科兴中维、智飞生物等公司也迅速组建了疫苗研究突击队，打赢了疫苗攻坚战。

如今，中国制造的新冠病毒检测盒、新冠病毒疫苗已供应全球多个国家。除了医疗产品走出国门，中国制造的诸多产品都在全球抗疫中发挥着举足轻重的作用。例如，大疆无人机被美国引进，用来辅助开展抗疫、防疫工作；不只美国，意大利、法国等多个欧洲国家也引进中国制造的无人机运送血样、药品等。

在很多人的传统认识中，中国制造只是引进模仿，缺少创新能力。新冠肺炎疫情对世界各国来说都是从未遇到过的挑战，各种抗疫产品都需要从无到有自主研发。中国制造的新冠病毒检测盒、新冠病毒疫苗等产品的研发速度、产品质量都保持着世界先进水准，这也是从"中国制造"到"中国创造"的有力证明。中国用实际行动跑出了抗疫的"加速度"，让全世界重新认识了"中国制造"。

一直以来，各行各业都在努力诠释"中国制造"精神，即从依靠引进模仿从无到有，到依靠自主创新做大做强。虽然部分行业的"中国制造"已经领先世界，但是整体来说，"中国制造"还处在转型的关键时期，很多行业在发展的过程中依然存在很多问题。"中国制造"整体离"做大做强"还有很长的路要走。

中国品牌扬帆出海

在全球化的背景下，知名品牌的多少是衡量一个国家经济实力的重要标志。今天的中国已经拥有了多个知名民族品牌。这些民族品牌正积极拓展海外市场，致力于在全球市场与国外品牌一决高下。

中国品牌走向全球

通过不断地自主创新和持续改善，越来越多的中国品牌走向世界，成为国际市场上闪亮的"中国名片"。

2021 年 12 月 31 日，华为轮值董事长郭平发表 2022 年新年致辞。他表示，2021 年，华为经受住了严峻的考验，预计全年实现销售收入约 6340 亿元。1987 年成立的华为，在短短的三十几年发展历程中，已经成长为全球知名品牌。

早在 2001 年，华为就开始了国际化的征程。2001 年，华为在五洲宾馆举行了员工海外出征誓师大会。任正非用诗句"青山处处埋忠骨，何必马革裹尸还"来为这支队伍壮行。在国际化开始之初，海外市场的良田沃土大多已被国际电信巨头抢占。于是华为采取"农村包围城市"的战略，即抢占偏远、动乱、自然环境恶劣、销售额低的国家或地区。无论是在疾病肆虐的非洲，还是在硝烟未散的伊拉克，或者海啸灾后的印尼，以及地震后的阿尔及利亚……，到处都可以看到华为人的身影。

凭借着出色的产品质量和优质的客户服务，华为逐渐赢得海外市场的认可。在 2005 年，华为首次实现海外销售收入超过国内收入。到 2013 年，华为超越所有竞争对手，包括其最大的竞争对手爱立信，正式成为行业第一名。华为也完全成长为一家跨国型世界 500 强企业，其海外销售占比超过 70%。

从 2018 年开始，华为遭受了来自外部的持续打压，这给了华为的海外市场业务一大重击，其市场份额也随之暴跌。面对制裁与打压，华为坚定立场，多方出击去拓展新的业务空间。正如华为轮值董事长郭平所说："华为不会因为外部环境变化，就改变自己的理想与追求。"未来，华为会持续改善，提升自身的核心竞争力，用实力树立中国品牌的形象，为中国崛起贡献力量。与华为一样，福耀集团也是进军国际市场的有力大军。

福耀集团（全称为"福耀玻璃工业集团股份有限公司"）1987 年成立于福州，是专注于生产汽车安全玻璃的大型跨国集团。

福耀集团成立之初只是一个乡镇小厂。借助改革开放带来汽车行业蓬勃发展的东风，福耀集团于 1993 年在 A 股市场上市，成为行业内第一家上市公司。上市之后，福耀集团面临国内汽车玻璃市场趋于饱和的挑战。1994 年，福耀集团开始大力拓展海外业务。针对海外市场的扩张，福耀集团董事长曹德旺指出："福耀来到新的国家，应该学会做好'配角'。"为此，福耀集团一边秉承低调发展的核心理念，积极地在海外寻求合作、共同发展，一边在多个国家建立研产销中心，为海外客户提供物美价廉的产品。

在打开海外市场后，福耀集团高度重视技术创新，通过引进、合作、自主研发等多种方式提高自身的技术水平，确保产品质量。曹德旺强调，"改变中国制造的形象，必须从提高质量入手"。如今，福耀集团也是"工业 4.0"的积极探索者和实践者，其信息技术与生产自动化水平位居全球同行业前列。经过三十余年的发展，福耀集团已经在美国、俄罗斯、德国、日本、韩国等 11 个国家和地区建立了现代化生产基地和商务机构，并在中国、美国、德国设立了 6 个设计中心。福耀的产品得到了全球知名汽车制造企业及主要汽车厂商的认证和选用，包括宾利、奔驰、宝马、奥迪、通用、丰田、大众、福特、克莱斯勒等。

福耀集团在国际化竞争中成功突围，离不开其对技术改善的执着追求。可以说，成功出海的中国品牌，其持续改善的脚步是从未停止的。

正视扬帆出海的瓶颈

虽说已经有越来越多的中国品牌"走出去"，并在国际市场中占据一席之地。但是任何品牌的国际化进程都不是一帆风顺的，企业要正视在国际化拓展中可能遇到的瓶颈，并努力克服。

一是本土化适应困难。不同的国家有不同的风土人情，中国品牌在出海过程中要充分尊重当地的文化、法律法规、风俗习惯、竞争环境等，根据不同国家、地区的特点，灵活地调整企业结构、管理模式、销售模式、人员待遇等，实现各方面的"本土化"。

二是被当地市场排挤。在国际化过程中，很多品牌都会面临因当地市场保护而被排挤的问题。例如，福耀集团在进入美国市场时，就被控制着北美汽车玻璃市场的制造商以"倾销"之名上诉至美国商务部。此次危机也让福耀集团确定了日后"当好配角"的国际化发展策略。为了应对被当地市场排挤的危机，中国品牌在出海的过程中，一定要严守当地的法律法规，避免"落人口实"。与此同时，在发展的过程中，切忌过分激进，尽量与当地的合作伙伴、竞争对手等和平相处、共同发展，减少不必要的冲突。

三是一味打"价格战"。中国品牌国际化的初期，很多都是靠低价打入当地市场的。然而部分企业在进入当地市场后，只顾打"价格战"，却忽视了产品的质量和服务，导致在当地市场的发展难以为继。要想获得长远的发展，中国品牌在国际化进程中一定要严控产品质量，构建优质的服务能力，持续塑造自身的口碑。此外，企业时刻不要放松对技术的追求和创新，要以技术创新打造核心竞争力。

四是国际化人才缺乏。人才始终是支撑企业基业长青的基础。中国品牌在国际化的发展过程中，要顺利实现"本土化"，就离不开国际化人才。为了解决国际化人才缺乏的问题，企业可以积极吸收当地人才来企业服务。通过加强培训推动国内人才走出去，也可以充分发挥海外华侨华人以及留学生的力量，壮大国际化人才队伍。

总之，在国际政治环境、市场环境等瞬息万变的背景下，中国品牌在扬帆出海的过程中必将遇到很多艰难险阻，企业要持续改善，夯实自身能力，以从容应对诸多未知的风险，绽放"中国制造"的生命力。

第 4 章
改善要不找任何借口

很多企业的改善活动之所以最终失败，甚至无从开始，大多源于人们找尽借口而拒绝改善。事实上，无论借口看似多么合理，它总归是借口而已，只会令执行者自欺欺人、拖延执行，而不会产生任何价值。那些成功的改善皆从积极行动开始。

以现在最差为起点

看到这个标题，会有很多人感到困惑。不过，请不要着急，让我们先从一个案例说起。

在北京生活过的朋友经常会路过四通桥——它是以四通公司来冠名的一座桥。可是现在很多人却不知道这家公司，因为四通早就倒闭了。

但是，四通却是我国 20 世纪 80 年代中后期至 90 年代中前期最优秀的几家民营企业之一，超过当时的联想、长城、同创和华为。

1986 年 5 月 16 日，四通 MS-2400 中文电子打字机正式推出，获得了巨大成功。四通再接再厉，于 1987 年 5 月 16 日又推出 MS-2401。这是一款成熟的产品，后来成了四通的摇钱树。合作公司日本三井物产株式会社给出的评价是："MS-2401 的技术即使在日本的同类产品中，也是先进的。"由此可见，当时四通打字机是多么强悍。

四通的进口和自有打字机不仅性能强悍，而且利润高。当时一台打字机的散件进口价格约为 2000 元，但市场零售价格为 1.35 万～1.5 万元，大约为成本的 6 倍。假设四通的年营收有 10 亿元，自有以及合资公司的毛利润就有 7～8 亿元，由此可见当时的四通是多赚钱！

四通以总裁为首的几名创业者，年薪都在几万元，后来是几十万元。到了 1993 年四通在香港上市前，一把手的年薪已接近 200 万元。在 20 世纪 90 年代初期，四通的中层管理者的月薪也接近 1 万元。四通挖人根本不在乎钱，薪水都涨了两到三倍。但在给出如此惊人薪水的情况下，年营收 10 亿元的四通，一年的净利润仍有 3 亿元左右。

四通的管理非常粗放，在百废待兴的 20 世纪 80 年代，激情和速度暂时掩盖了发展中的诸多问题。但是这种掩盖非常"有效"，因为在相当长的时间里，四通根本不必担心生存问题。生产和销售打印机就像印钞机一样，钱滚滚而来。

随着时间的推移，四通遇到巨大的问题：公司内利益分配不均，创始人之间权力斗争等。当然，四通还面临另一个重大的问题——创业成功的四通公司不再重视研发，甚至拒绝创新。

IT 产品更新换代很快，四通手握当时全国第一的中文技术，却没有考虑进军计算机领域，也没有想过在软硬件和网络方面有更多作为。这些方面都有人建议，但它却不去做，就抱着打字机（打印机）不放。在早期的经营会议上，有营销人员将 PC 机的种种好处讲给公司领导，公司领导却说"我们研发了电脑产品，那我们的打字机还卖给谁"。打字机带来的滚滚利润，让他们沉浸其中难以主动求变。

后面的故事大家就都知道了，20 世纪 90 年代中后期，随着联想、同创的崛起，四通的技术逐渐落伍，直至彻底退出历史的舞台。

通常情况下，企业在创业之初凭借一股敢拼敢赢的精神，可及时地捕捉到一些商机。而当企业发展到一定规模时，安于现状、夜郎自大的惰性却容易成为管理者的极大弊病——管理者误认为企业能够天长地久，基业之树能够长青，继续努力或改善现状也不再如先前那么重要。

事实上，企业的发展曲线告诉我们，当企业处于顶峰时就必然会趋向下沉的状态，只是我们一直没有觉察到；当某一天的下沉速度突然加快时，企业就会陷入"一觉醒来，物是人非"的窘境。

虽然企业的失败源于众多因素，但是在这些因素当中，最为关键的因素就是企业安于现状的管理意识和经营意识。在这种意识下，他们惰于思考，更不会在工作实践中作出任何有效的改善。

"现在最差"的意识

时间既不会在企业取得成功之际也不会在企业遭遇失败之时停止。企业意欲成功，就要敢于打破现状。惠普公司的成长过程就是一个不满足现状、不断改善、不断创新的过程。

惠普公司的前身是一个普通的笛子生产企业，20 世纪 50 年代以后逐渐转为生产医疗仪器，70 年代转型为生产小型机械，到了 80 年代后期生产服务器和个人计算机，并且以生产激光打印机而享誉世界。20 世纪 90 年代中期，惠普公司的产值稳居美国计算机行业的第二名。

1957 年 7 月，休利特和帕卡德起草"惠普之道"，并与公司高层管理者共同商议具体实施办法，最终确定了指导思想——"以人为本，奉创新为先，提供高质量的产品和服务"。从此以后，这一准则成为惠普企业文化的管理精髓，并不断推动惠普持续向前发展。

可见，一家知名企业的进步，关键在于其能够不断地追求新的高度，具有持续改善的高贵品质。

日本共立金属工业的阪口政博社长始终坚持每日进行改善，他说："实践丰田生产方式已经十年了，但总觉得现在的做法是最差劲的。"即使该公司已经取得相当大的改善成果，但一有机会，他仍然会去丰田集团的工厂进行参观，据说每次参观，他都会有新的发现。

改善是永无止境的。企业上下应摒弃"已经不错了吧"之类的想法，而要面向未来，时刻以一种"现在最差"的意识去从事企业管理和生产，不断地改善、改善，再改善！

不找借口，立即执行

虽然人们完全可以通过改善行动来改变现状，也非常清楚改善的巨大影响力，但在面对有待改善的问题时，却仍然会找出各种各样的借口，来极力拒绝自己从事任何改善活动。

借口总是很多

有这样一个故事：

某个国家的国王去一个小村庄访问。通常情况下，在国王驾到时，该村庄会鸣放礼炮，但这一次却始终没有放礼炮。

国王正在纳闷时，村里走出了一位长老。长老向国王表示歉意："您好不容易光临至此，却没有放礼炮欢迎您，真是太失礼了。"

当被问及原因时，长老回答道："如果鸣放礼炮，熟睡中的婴儿会被惊醒，牛马也会因听到礼炮声而受惊……"

长老说了很多理由。不过，在国王反复追问之下，他才终于说出实话："实在是因为村里没有大炮，所以想放礼炮都放不了。"

类似的事情在商业世界里也有很多。

有些人找出各种各样的理由，比如，"上司没有眼光""公司没有前景""公司产品没有特点"等，作为业绩不佳的借口。或者看到有的人尝试作出一些改善，就表示："就目前的现实条件，我们还不适合作出这样的改善。""过去我尝试过这样的改善，但是没有成功！""如果弄错了的话，企业也会变得非常的脆弱。"甚至树起行业惯例、常识的大旗，作为不执行改善提议的借口。可怕的是，在会议上讨论的时间越长，就越容易出现否定的声音。

当然，也有一些企业总结了各方面的意见，制订了看似完美的改善方案，可总是迟迟不肯行动。其实，改善推进小组本应该去车间里亲自尝试操作，这是改善过程中最为重要的一个环节。但他们一直不愿意去执行，只是无休止地讨论改进方案、评价方法等。这便导致改善方案被无限期搁置，甚至在讨论过程中将过去曾被否决的议案重新提起……改善成了一个不断开会、制作汇报书的过程。

那么，在面临改善时，人们最应该做的事情到底是什么呢？答案见以下叙述。

不找任何借口

美国通用电气公司前 CEO 杰克·韦尔奇曾经说过："在工作中，每一个人都应该发挥自己最大的潜能，而不是耗费时间去寻找借口。"

其实，他这句话中体现了三层含义：

一是寻找借口反映了当事人本身的能力不足。当一个人没有能力或不愿意完成某项工作时，他可能找出各种看似合理的借口；而由于他不乐于挑战这个难题，他不会积极地思考改善的方法，这又会导致其工作能力停滞不前，即便日后面对同一问题，仍然无从应对。

二是寻找借口会造成工作时间的浪费。很多日本企业的员工都具有这样的特点：他们总是遵循一个工作原则——第一时间去执行管理者的决策，永远不为自己找借口。因为他们非常清楚：寻找借口只会延误他们投入工作的速度，分散他们的专注力，而对改善的推行却毫无助益。

三是寻找借口无助于满足企业的需要。企业改善活动中所需要的，是所有人能够倾力推行改善，解决问题，而不是汇总关于困难的长篇累牍的分析。

可以说，在改善之前先找借口，无论是于己，还是于工作、于企业都是无益的。所以，寻找借口是一种完全无意义的行为。

立即执行

所谓的改善，就是立即执行，即使觉得只能收到一点成效，也要马上去实行。

日本共立金属工业的阪口政博社长提出了"当日问题当日毕"的宗旨。一天，一位设备操作员突然说腰痛。关于机器的高度，工厂方面已经综合考虑了个人身高等方面的因素，并将操作位调整为最适于操作的高度。因此，理论上讲是不应该发生这个问题的。

但是，追踪生产流程后发现，操作员不但要进行这类设备操作，还担负着换型作业任务。虽然之前调整了所操作设备的高度，但这一高度却并不适合换型作业。由于换型时采用了不舒服的姿势，导致操作员腰痛。

在丰田生产方式当中，如果存在拧着身体或要采取不舒服的直蹲姿势，产生了身体负担的话，就会立即采取相应的对策。减轻身体负担和考虑安全对策是最基本的原则。因此，对于上述情况，工厂也马上提出了改善方案。

本来可以请设备厂家修理，但是这就需要再耗费几天时间，才能落实改善方案。但是，社长坚持"当日问题当日毕"的宗旨，亲自上阵，当天调整了设备的高度。

在企业里，有一部分人虽然对改善策略理解得非常透彻，但总是顾虑重重，找出各种借口，缺乏立即执行的热情。这样，企业里的改善便难以得到有效推广，而得不到立即执行的改善策略也就成了纸上谈兵。

切忌空想，关注现场实践

不可否认，对于某个改善策略进行可行性研究是十分必要的。但是，这并不意味着要将那些疑似障碍因素作为拒绝改善的借口。

人们在致力于改善时，应更关注现场实践。如果对现场实践不感兴趣，纵然拥有再丰富的知识，再细致地编制计划，最终得出的结果都会与现场的实际情况不符，而仅仅停留在头脑里的对策，也无法推动现状的完善与发展。

唯有在现场尝试推行，才能看到真实的改善效果。而随着改善活动的推进，人们亦可不断验证改善对策的可行性，确认如何改善才能更有效，思考出更多的新的改善方法。

此外，为了立刻开展改善行动，企业有必要采取一种超然的态度——"不要期待事事得满分，即便只能收效一分，也应立即执行"。因为，即便仅仅收到一分的成效，也会使人们对终极目标的看法迅速发生改变，从而坚定其展开下一步改善的信心。

需要注意的是，在改善实践中，很多人为借口穿了一件件冠冕堂皇的"外衣"。这透露出了改善活动中的种种问题，如表 4-1 所示。

表 4-1　改善过程中的常见借口及引发的问题

常见借口	引发的问题
"改善过程艰难"	一提改善，便开始抱怨，导致士气低落，改善活动难以持续推进
"可以灵活变通"	以简单变通来降低改善活动施行的难度系数，往往导致改善效果大打折扣
"早就意识到这种改善无效"	每当企业内部改善不力时，便充当"内部评论家"，说"自己早就意识到这种改善无效，只是当时没有提出而已"
"缺少支持力"	认为改善活动之所以难以推行，完全是因为缺少管理者的支持，个体力量根本无以推动改善的进行
"曾经失败过"	改善失败的经历会导致人们对改善活动心生胆怯，不敢参与下一次的改善
"无所谓"的态度	对于同一问题不思改正，一错再错，不厌其烦地阐述上一次的借口；即便已有改善良策，亦不付诸实行

仔细分析上述问题会发现，它们完全是人们拒绝改善的借口，也是致使改善不力的主要诱因。因此，它们也应被看作企业上下"不找借口，追求改善"的起点。

过程虽艰难，仍应努力达成

改善过程中最经常听到的声音就是"难度太大"。这个借口使得人们堂而皇之地直接选择放弃改善，或在改善活动中偷工减料，致使改善无果而终。毫无疑问，这是企业有效改善过程中的最大障碍。

艰难，但绝不是不可达成

改善的过程就是一个自我质疑、自我挑战的过程。我们不可否认改善过程很难。然而，任何难题总是可以被攻克的。抱持这种信念的企业和改善者，才会全力以赴地持续改善下去。

二战结束后不久，丰田喜一郎制定了当时被普遍认为毫无可能性的生产目标，即"用三年时间赶超美国"。这对于大部分已然化为一片焦土的战败国日本来说，无异于"痴人说梦"，但是"如果不那样做的话，日本的汽车产业将难以为继"！

大野耐一听了这番话之后，认为要追赶生产效率是日本 8 倍的美国，就只有改变日本人的生产方式，摒弃所做的无用功。这就是"丰田生产方式"的出发点。

昭和十三年（1938 年），丰田喜一郎在举母工厂开始运转之际，放弃了一直沿用的批量生产方式，引进了流水线作业，并把"每天只做需要的东西，只生产需要的数量"当作生产目标。他认为"仓库就是让钱睡觉的地方"，因此没有建仓库，同时也确立了外购的生产体制——"只订购需要的，只在需要的时候订购，只订购所需的数量"。

后来，丰田在以丰田佐吉的"自动化"和丰田喜一郎的"准时化"两大支柱为核心的基础上，发挥在纺织制造中总结的经验和思考方式，逐渐形成了"丰田生产方式"。

丰田生产方式的形成，经历了很长时间。例如，把多个工序变为一个工序，对于一直在汽车现场工作的人而言，是非常困难的。在开始时，像"砸掉大野的生产线"这样强烈的抵抗言论频繁出现，但在丰田英二等人的支持下，生产现场逐渐地稳定下来。

在丰田喜一郎、丰田英二、大野耐一等人的努力坚持下，福特式生产方式最终被丰田生产方式所取代。而如今，丰田生产方式也被誉为世界级的生产方式。

　　虽然改善的过程看起来异常艰难，但是只要人们坚信能够达成改善的目标，便有了成功的可能性。否则，连可能性也会丧失殆尽。在改善时，必然成功的信念起到决定性作用。

全力以赴去改善

　　当然，在坚定不移的信念鼓舞下，人们也需要为改善而全力以赴。

　　曾经有一支探险队尝试攀登梅特隆山的北麓，这是有史以来人类第一次要征服这座高峰。

　　有一位记者问探险队中的一位队员："你会不会登上梅特隆山的北麓？"那人回答说："我会为它付出一切。"记者也以同样的问题问第二位队员，这位队员回答说："我非常高兴，而且会尽全力。"最后，记者问了一位年轻的队员："你是不是要攀登梅特隆山的北麓呢？"这位队员朝他看了一眼，然后说："我一定要登上梅特隆山的北麓。"

　　最后，只有一名队员登上了这座山的北麓，他就是那位说出"我一定要登上梅特隆山"的人。因为只有他不考虑付出、不考虑个人喜好，为达成自己的目标而全力以赴。

　　改善活动也是如此。顾虑改善过程的艰难（可能受到诸多障碍），怀疑自己的能力（认为自己无力承担改善的重任），只会使人望而却步，半途而废；唯有目标坚定，竭尽所能，全力以赴地推动改善活动的顺利进行，最终才能收获改善的硕果。

坚持下去的力量

　　如果企业采取了有效的改善方法、技巧，那么稍加认真努力的话，就可能轻而易举地把成本降低 10%～20%。但是，很多人却变得安于现状。他们认为已经取得了不错的效果，认为"再改善难度系数会变大，等于是在难为自己"，于是在无意中放缓了改善的步伐。

然而，企业之前的改善效果也因此无法持久，转瞬间企业又会回到过去的状态。长期坚持对于企业改善而言至关重要。只有坚持下去，才能让改善真正地发挥效果。

所以，一旦着手进行改善，就要趁着负面的念头还没有生根发芽的时候彻底进行，直到将改善变成习惯。丰田集团能够把改善当成家常便饭，也是花了很长时间从基础逐步做起的。

与其变通，不如彻底解决

在批量生产方式下，人们被要求快速解决问题，以实现计划。所以，此时人们往往会以此为由头，尝试采用各种变通的方法来快速实现改善计划。这是改善中常见的第二个借口。

变通实是掩耳盗铃

诚然，变通之法总是看起来异常迅速而又简单，但由于其大多并未探查到问题的根源所在，所以往往并不能从根本上解决问题；而变通的结果又极易致使人们放松对问题的界定，自欺欺人地认为"问题已经得到解决"。因此，问题常被累积下来，反复发生，人们也被迫反复地处理同类问题。

A 生产部门负责生产一种热门新产品，这一产品包括一个带有软垫的组件（在缝纫与装饰工序中进行子装配，该工序与总装配线相连，并且每次按顺序供应一个组件）。该装配线按节拍时间运行，其小组长一丝不苟地记录了造成装配线不能实现每小时生产目标的干扰因素。然而，他只是做记录，却从来没有采取过行动。

所以，在很长一段时间里，该车间的总装配线经常会因软垫表面的皱褶问题而出现中断现象。一旦出现问题，产品就要被转移到返修区进行拆解，带有软垫的组件被送回供料工序进行分解并重新加工，然后再重新装配这一产品。这便导致交期严重延误，总装配流程无法按时完成生产目标。同时，这种简单的变通方法还造成了一些不必要的加班。

可见，这种变通之法虽然解决了一时之事，但却不能彻底消除问题，使得改善效果大打折扣。

彻底解决问题，才能一劳永逸

遇到问题时，一定要仔细地分析问题，透过表面现象去寻找背后所隐藏的更深层次的问题，然后采取有效的措施，从而在根本上解决问题。以上述案例为例，后来该车间的新主管带领车间人员对这一问题进行了彻底的改善。

首先，新主管开始对总装配线每小时追踪图和总装配线返修区的工作日志进行分析。他发现，软垫不仅是部件被送到返修区的唯一重要原因，也是导致总装配线不能完成每小时生产目标的最主要原因。根据进一步的调查，皱褶是造成产品不合格的最常见因素。

随后，新主管继续跟进。他发现软垫生产区域的标准作业需要采用正确的运行流程，但是并未以具体、详细的方式表示出来。他还发现，除生产量以外，软垫生产的流程很少被加以监控。

进一步调查显示，产生不合格品的主要原因有以下几个：软垫产生褶皱，或者是因为固定用的扣件数量不足，或者是因为扣件分布的间距不均匀，或者是因为扣件的使用顺序不正确，或者三者情况兼而有之。并且两种类型软垫外套的褶皱不一样，这就要求对于两种不同类别的材料，采用不同数量和间距的扣件。

新主管和小组长对造成部件不合格的主要原因进行分析后达成了共

识，他们对两种材料分别建立了与原物大小一样的模型，展示了正确数量和间距的扣件，重新培训操作员，监控新标准执行的效果。自此，软垫褶皱问题基本上从总装配区域消失了。

与此同时，加班也不再是一种常见现象。而随着软垫生产流程的改善，生产计划外的加班时间也在不断缩短。

这并不是一个引人注目的案例，但它反映了企业管理中的一个重要因素：这个区域的管理者和参与者的思维方式的转变——由变通式改善转变为彻底改善。

他们采取了系统的方法来寻找引发这一问题的原因，并从根本上进行解决，以防问题的再次发生。一旦他们不再忍受长期存在但可以控制的问题，而开始关注改善，他们就一定能制订一套永久性的修正方案，获得永久性的流程改善。而这种彻底改善的意识，也减少甚至避免了改善效果大打折扣的情况。

如何彻底解决问题

在执行中，寻找解决问题的"缺口"，有四个步骤。首先，要确定这是什么类型的问题、需要多长时间来解决、借助现有的人员和资源是否能够解决；其次，使用反证法，从可解决的角度来探索方法；再次，找到解决问题过程中遇到的主要障碍，分析其发生原因；最后，针对造成障碍的原因，来选择解决问题的最佳对策。

我们可以通过数学家亚伯拉罕·沃尔德的故事，来了解如何找到解决问题的办法：

第二次世界大战时，美军运输机队在飞越驼峰航线支援中国抗战时，常常遭到日军战斗机的偷袭。C-47 运输机只有一层铝皮，日军的零式战斗机在后面紧追，一通机枪扫射，飞机上就是一串窟窿，有时子弹甚至能穿透飞机座椅，夺去飞行员的生命。一些美军飞行员在座椅背后焊上一块钢板，用钢板来防弹，从日军飞机的火舌下夺回了自己的性命。

但是，装上钢板的飞机又会存在这样的问题：自重增加会使得飞行速度、航程、载弹量都受到影响，同时造成飞行失衡，威胁飞行员的生命安全。诺曼底登陆中，美军第101空降师副师长唐·普拉特准将乘坐滑翔机实施空降作战。起飞前，有些人自作聪明，在其座位上安装了厚厚的防弹钢板。但由于滑翔机自身没有动力，与牵引的运输机脱钩后，必须保持平衡滑翔降落，而沉重的钢板让滑翔机头重脚轻，一头扎向地面，普拉特准将因此摔断了脖子，成为美军在对日作战中阵亡的唯一将领。

针对这一情况，亚伯拉罕·沃尔德决定分四步，彻底找出改善对策。

第一步：确认问题

每天都有数千架运输机执行任务，返回时却常常损失惨重。如果要降低损失，就要在飞机上焊防弹钢板；但如果整个运输机都焊上钢板，那么飞行速度、航程、载弹量、飞行平衡都会受到影响，同样可能威胁飞行员的生命。

第二步：作出可行性假设

亚伯拉罕·沃尔德认为，可以为运输机安装防弹钢板，从而在不影响战斗飞行的情况下，保证飞行员的生命安全。他的方法很简单：由地勤技师将运输机上弹洞的位置统计出来，然后自己铺开一张大白纸，画出运输机的轮廓，再在上面补上弹洞位置。

第三步：找到要因

绘制完毕后，大家一看，运输机浑身上下都是窟窿，只有飞行员座舱和尾翼两个地方几乎是空白。

亚伯拉罕·沃尔德认为：以数学家的眼光来看，这张图明显不符合概率分布的规律，明显违反规律的地方往往就是问题的关键。

原因很简单。如果座舱中弹，那么飞行员会丧命；如果尾翼中弹，运输机会因失去平衡而坠落——只要这两处中弹，那么运输机多半无法返回。这也解释了这部分的统计数据一片空白的原因。

第四步：找出更优对策

亚伯拉罕·沃尔德提出了一个很简单的对策：只需要给运输机的座舱、尾翼这两个部位焊上钢板就行了。这项解决问题的对策挽救了数以万计的飞行员的生命，可以确保运输机安全返航。

由此可见，问题是可以得到彻底解决的。而人们应该做的是：思考一个彻底解决问题的对策，从执行实践中提炼出规律。用科学的方法去完成任何一项任务，而不是为没有完成改善任务去寻找某些托辞，或随意地选择变通方案。

公司内部不需要评论家

一些人为了明哲保身，会采取彻底掩盖问题的态度。我们经常看到一些企业在推进改善作业失败的时候，有的人却在嚷嚷："我早就觉得这样不行！"如果问他"为什么你在开始做的时候不说"，他们则会辩解："大家在一团和气地努力着，我不想说这些话，以免破坏了改善活动开展的气氛。"

这些找借口表示反对的人，都不是事件的当事人，只是公司内部的评论家。从本质上来说，这种说法只是担心因失败被追究责任而找的借口而已。这种借口被视为改善中常见的第三种借口。

评论家无助于改善

事实上，确实有一些人非常擅长于胡乱地指出"不能付诸实践或不能成功"的理由。但是，如果企业上下都充当起内部评论家的话，那么这个企业便真的无药可救了。

很多成功地引进丰田生产方式的企业，即便在经济不甚景气的时期，仍然能够确保企业的订单应接不暇。这些企业的一些管理者甚至还会为招聘员工而苦恼。

面对这种情况，如果是"评论家"，他们必然会找出很多经营管理中的不足，然后滔滔不绝地发表言论，"这样可不行啊"！对于这种尚未动手操作就直呼"没戏"的人，大野耐一曾怒斥："你是算命先生吗？如果在实践之前就能准确地预测到能做、不能做，那么你不如去做算命先生好了！"

事实上，如果人们做事之前已经认为不会成功，那么即使是对于那些成功可能性较大的事情，也会因个人主观放弃而难以成功。而唯有相信自己一定会成功，才会全力争取成功。当然，努力过后也不一定就会成功。企业改善过程中也不乏失败的案例。纵然如此，只要亲自实践过，就算失败，也可以为未来的成功改善积累一定的经验。

那些成功引进丰田生产方式的经营者，都坚信自己会成功。他们充分地利用现有的设备和人才，努力地作出有效改善。

总之，评论公司的问题，归纳不可行的理由，这是一件轻而易举的事情。但是，这种行为对于改善企业管理现状并无切实的帮助。事实上，企业需要的不是"不能改善的借口"，而是"可以达成目标的有效改善方法"。

被需要的实干家

若松义人曾说："双手沾满油污的技术员才是真正重建日本工业的人。"他所说的"技术员"，不是指拥有技术的人，而是指追求改善行动的实干家。

1947 年 5 月 10 日——丰田汽车 10 万辆生产纪念日的那天，丰田喜一郎写了一篇文章，文中强调了一位技术员应该具备的精神："一般来说，日本的技术人员伏案工作的比较多。虽然引进了相当多的国外知识，一旦说要施行，他们马上就变得没有自信了，担心别人的责难，缺乏决断力。也就是说，有批评的能力，没有实践的能力。靠这样的技术员造不出汽车。

为了完成这项事业，需要成为有决断力、有勇气的行动派，同时还要求他们必须在吸收知识方面不甘人后，热情积极。"

唯有深入现场的技术员，才会真正思考如何改善现状，并极力促使改善方案得以有效落实。

那些不冒任何风险的公司内部评论家，从来不会创造任何新的东西，不会作出任何有效的改善。而在这个没有现成模式可依循的时代，只有那些不怕失败的实干家，才会创造新的、真正有用的东西，这些人才是企业最需要的人。这种实干精神，才是企业进行成功改善的前提条件。

评论家的意识纠偏

有两个原则是改善者必须坚持的。

两个原则：

1．在改善前进行可行性研究，但不做事前算命先生。

2．在改善后总结经验教训，但不做事后评论家。

当然，评论家现象并不能因为口念这两句话而消除。从根本上来说，评论家之所以喜欢事后评论，往往是源于其预先作出了不正确的判断。也就是说，要想消除评论家现象，避免改善者预先判断、偏见及独断专行是非常必要的。

诚然，大多数人在做事时都希望取得最好的结果，总想从自己的角度加以判断。然而，如果心存杂念，便无法对照企业的问题去找出有效的改善答案或作出客观的判断，而是会对照自己已知的理论和规律，作出看似合理而实则不合理的建议，甚至无视真正有效的改善方案。

因此，大野耐一建议人们"把自己当作一张白纸"。意思就是说，要杜绝一切主观揣测，要基于现实问题，公正地确认问题的重要性、改善的难易度，以及改善方案的可行性。

　　只有当人们保持这样的状态，所给出的评价才是最为客观的，给出的建议才是最具有建设性的，评论家也由此转变为彻底的实干家。而当企业上下皆是实干家，绞尽脑汁地去发现问题、提出改善方案，那么改善活动的障碍会因此而消除大半，改善活动的推行自然也会更顺利。

争取管理者的支持

　　管理者的支持是改善活动得以顺利进行的一个重要保障。很多人之所以将改善者的支持力度欠佳列为造成改善不力的一个借口，恰恰是因为：无论是企业决策者做出改善决策还是基层员工的改善执行，都需要管理者发挥支持功能，这一点在整个改善工作过程中的重要性占 80% 以上。

管理者的支持功能

　　实际上，管理者的功能是随着改善的任务和改善的层次而变化的。当改善任务不同，或者改善发生在不同层次上时，管理者只能随之变化。对于管理者来讲，一项十分重要的功能就是对上级的支持功能，如表 4-2 所示。

表 4-2　管理者的支持功能

支持功能	说明
把握领导意图	管理者必须全面、深刻地领会上级的意图，体会上级的思想，能站在上级的角度看问题和想问题，并将其内化成自己在改善活动中的指导思想和行动纲领
行动上服从	中层和基层的管理者，可以与上级领导有不同看法，但在实际执行的过程中，必须无条件的服从。也就是说，一旦公司已经作出了决策，各级管理者就要全面执行公司的决策
提供全面服务	管理者对上级的支持，不仅表现在对上级的服从上，更不是"唯命是从"，而是要主动服务。上级领导不可能把所有的事情都考虑得很周到、很完美，在改善方针确定后，具体执行过程就需要各级管理人员去细化。如果遇到改善难题，管理者应该主动处理和应对
主动进行多方维护	主动维护公司领导的统一指挥地位，保持公司改善活动的协调一致和畅通无阻。这种主动维护的功能，是任何一个管理者不可推卸的责任

正是基于管理者本身具有的支持功能，才使之成为企业上下推行改善时所关注的焦点。不过，不论管理者具有什么能力，如果管理者本身尚未形成改善意识，或对员工的改善方案不信任，那么他是绝不会充分发挥这些功能的。

管理者头脑中的改善意识

从短期来看，管理者应当关心利润报表中的业绩。这些结果显而易见，很容易通过利润表、每股收益、投资回报率计算出来。从长远上看，管理者应当关注为增强企业竞争力所做的持续改善。但是改善进程是缓慢的，计算方法也有些模糊。因此，管理者常常觉得如果他们为了改善而发起一项效果不甚明朗的项目，最终可能会收益甚微。

那么，究竟要用多长时间才能看到显著的改善效果？这个过程通常需要经历三五年时间。

富士施乐总裁小林阳太郎说，当改善指向一个具体的目标时（如改进产品质量或是在某一特定地区增加市场份额），在几个月内取得积极结果并不难。然而，一个好的系统需要制度化，从而保证改善得以持续，并在公司上下宣传改善的益处；而且，由于企业在生产效率、劳资关系、质量控制、员工参与管理、新产品研发以及供应商关系等许多领域都急切地需要改善，更需要管理者为改善创造良好的环境。要实现这样的目标，则需要经过更长的时间。

一些管理者可能贪恋短期的利润目标而放弃了长远的改善机会，但在世界市场上，如果竞争对手正在毫不懈怠地为改善而辛勤劳作、审慎规划，并一丝不苟地执行策略，就算是我们在不断地获取短期利润，我们的公司又能守住多久呢？

可以说，如果管理者本身尚不具备这种意识，那么他绝不会有任何支持的行为，再可行的改善方案也在摇篮状态就直接被扼杀了。

对员工报以理解和信任

如果管理者不理解员工的改善意图与行为，就不能在改善活动推进过程中为员工提供有力的支持。

以爱信精密机床厂为例，该公司以改善提案多而闻名于世。在某年的科学技术厅的长官奖上，该公司员工的提案比例达到 8%。"现场的创意是我们公司的生命"，这是白鸟进治社长的口头禅。近年经常听到对年轻人的负面评论，如"劳动意识薄弱""工作不主动，等着别人安排""不懂得改善与创新的一代"等。但该公司的年轻人却朝气蓬勃地工作着。即使下班后，他们仍然在观察各种各样的事物，捕捉着有助于改善的灵感。

又如，丰田公司设置了一个奖项——总裁奖，它不是奖金，而是由总裁亲自颁给获奖者一支钢笔。钢笔上印着获奖者的名字，或其妻子、儿女的名字。通过这一奖项，可以让员工知道他们积极参与质量控制项目对公司的成功而言至关重要；而公司高层也会积极地出席大会，表达他们对员工改善活动的支持。

事实上，企业改善的动力就在于对不断地制造和提升作业品质具有坚强的意志与坚定的信念。所以，管理者要以开阔的视野来观察企业各个方面的实际情况，要相信员工的改善能力，更要支持他们作出改善。这样，才能激发员工的积极性，促使其热情高涨地创造出更多的改善成果。

另外，如果只是让员工们"按照说的去做"，不要求员工提出改善策略和意见，那么便会引起员工的不满，他们的改善参与度便会降低，很多有用的基层改善智慧都无法得到充分的利用。因此，管理者也要鼓励员工的主动改善和创新行为。

员工要获取管理者的支持

当然，除了管理者本身应具有正确的改善态度和信念外，员工也应主动思考各种有效的方法，将个人的改善热情传达到管理者那里，与管理者实现共振，努力争取管理者的支持。

小建议：

点破改善点，一针见血地指出问题发生的根源。

提出详细的改善方案，确保方案的可行性。

1. 为管理者展望改善的蓝图。

2. 通过业绩体现，让管理者看到切实发生的改变。

3. 让管理者相信自己具有推动改善、实现目标的能力。

只有当员工获得了管理者的承诺和支持，改善才能作为公司内大范围的一项工作开展起来。

只要努力了，就值得喝彩

在企业管理中，通常有两种思维导向：一种是关注过程，一种是关注成果。

在很多企业中，都奉行成果导向的管理方式。一般说来，不管一个人工作多努力，没有成果也会使他的个人评定很低，收入和地位也会降低——一句话，个人的贡献只以具体的成果来衡量。

当结果成为借口

在一些企业中，常会看到这样的情况：因设计错误而产生大量的不良品，一旦这件事在领导会议上被提上了议事日程，那么所有人便开始指责"那个设计者真差劲"。

而那些责任感很强、很认真的设计师，则会为此次失败带来的后果懊恼不已，倍受打击："请惩罚我吧，我做错了！""为什么我做得这么糟糕!"在深深的自责中,那些人会越来越不敢接受挑战,而失败的经历更成为他拒绝改善的"有力"借口。管理者经常会听到这些借口:

1. 我以前做过这类任务,但是失败了,基于对公司负责的态度,请将这个任务转交给其他同事负责吧!

2. 这个问题以前改善过,但效果并不理想。现在再做一次,不过是多做一次无用功。

……

这些借口对于企业改善的推行是最大的灾难。

正是基于对这一问题的考虑,日本企业在改善时特别强调过程。普利司通的大坪认为,过程导向的标准可以帮助企业在后工业时代、高科技时代获得更大的优势。

从"关注成果"转向"关注过程"

改善催生过程导向的思维方式,因为我们要想改进成果,务必先改进过程。而且,改善是以人为本的,它看重人的努力过程。

相扑是日本的国技。每次相扑大赛上,除竞赛冠军外,还设有3个奖项:杰出表现奖、技术奖以及斗志奖。如斗志奖,主要颁发给在为期15日的赛程中格外奋力拼搏的选手。纵使胜败结局已定,这些奖项的存在仍然会给人们留下不少期待。重要的是,这3个奖项的颁发都不以成果(选手获胜的回合数)为依据,这很好地证明了日本人过程导向型的思维方式。

然而,这并不是说在相扑比赛中获胜不重要,而是说取胜不是相扑竞赛的一切或唯一,最重要的是相扑选手可能在这一过程中已经获得了技术方面的改善与提升。在这里,过程与成果同等重要。

正是基于这样的认知，佳能公司第一代社长御手洗毅先生如此说道："在工作中发生错误被责怪看似很正常，但是那样做是不对的。认真努力却依然犯了错误，如果在这种情况下说些责怪的话，谁也不敢向新事物或者棘手的问题发起挑战了。"

因此，在佳能公司，对于失败都是持宽容态度的。若员工积极主动地改善却失败的话，通常不会引起上级的勃然大怒，也不会被追究责任。员工完全可以基于自己的改善思想与创意，毅然决然地接受挑战，这正是佳能公司的好传统、好文化。

但是，对于这样的传统和文化来说，如果管理者什么都不做，不采取任何保障措施，也是无法维持下去的。

必要的、恰当的安慰

在遭遇改善失败时，选择恰当的方式来安慰员工，这是十分必要的。

如果管理者仍然训斥员工："混蛋，你做的都是什么呀！"那是无法培养出好员工的，而管理者日后听到的最多的，恐怕都是关于"不再接受此类任务"的借口。

当然，如果没有恰当地安慰员工，也会越发伤害了员工。例如，一位员工遭遇一次失败，觉得"我已经不行了"，然后就会越来越堕落，再难以重新站起来，这类过于认真、不擅长自我调节心情的员工有很多。

此时，虽然管理者想这样安慰他："这种事情是常有的，不要太放在心上"，那么，被安慰的员工可能会觉得："看来我确实不行啊！"这时，他的心情会变得更加糟糕，然后整个人更加消沉了。

可见，如何安慰改善失利的员工，也是一项技术活。

酒卷久在佳能公司担任管理者后，一直非常注意这个问题。每当遇到有人遭遇研究任务失败，他便会这样对员工说：

"你之所以会失败，是因为你没有足够的力量。你这样消沉到底，是为了证明你很厉害，还是为了证明你很优秀？过高地评价自己也要有个限度。如果你有时间如此消沉，那么你就有时间继续学习，使自己具备更充分、更强大的力量。像你这种年轻员工的失败，给公司带来损失是显而易见的。但是没关系，多失败几次就好了。不要惧怕失败。"

通常情况下，大受"刺激"的员工会腾地一下重新站起来，而酒卷久则借势立即为之分配比较容易完成的新研究课题。

而当他们顺利完成后，酒卷久则会对他们说："你看，你不是做得挺好的吗？你还是很厉害的嘛！"通过这种方式，使他们重新找回自信心。

人都是在不断的失败中成长起来的。员工在失败之后，如果管理者能够给他们恢复自信、挽回名誉的机会，而不是在他们的伤口上继续撒盐，那么他们很快就会勇敢地接受新的挑战了。

此外，管理者也要重视对员工出现错误的总结。

在 3M 公司（明尼苏达矿业制造业公司），如果遇到这种情况，主管和员工会一起坐下来检讨问题出在哪里，怎样改进，下一次如何制订更完整的计划等。

3M 的一个事业部曾发生过这样一件事：一位员工对一个自己筹建的项目倾注了大量心血，为了促成此事，他在世界各地飞来飞去，但结果该项目却失败了。该员工感到非常愧疚，项目没有成功暂且不说，光在差旅费这一项上的开销就达到数十万元，甚至他的飞行会员卡都达到了贵宾卡级别。然而，当主管提及此事时却一脸笑意："没关系，事情过去了。我们会和他一起探讨计划失败的症结所在，仍会支持他以后的想法和计划，因为他下次的计划一定会更为周密。这一点我们从不怀疑。"

需要注意的是，一些心理素质不佳或自尊心过强的员工也可能因失败而郁郁寡欢，最终生病或者意志消沉，甚至精神上不太正常。此时，管理者就要在分析员工性格及经历的基础上，带他去看专门的心理医生，慎重地对待和处理这类事件。

管理者不妨将 NBA（美国第一大职业篮球赛）球队中流行的一句话告诉员工：

You always miss 100% of the shots, you don't take.（你不出手投篮的话，你的命中率永远是 0。）即便投球失误，你也必须投篮，以此鼓励他们继续努力。

同时，管理者也应铭记一句话："只要努力了，就值得喝彩！"并以此为原则，为每一位付出努力的员工报以掌声和给予鼓励。当员工愿意积极地参与到改善活动当中，自然也就谈不上什么借口了。

全力提升企业行动力

保罗·托马斯和大卫·伯恩在《行动力》一书中说："满街的咖啡店，唯有星巴克一枝独秀；同是做 PC（个人计算机），唯有戴尔独占鳌头；都是做超市，唯有沃尔玛雄居零售业榜首。造成这些不同结果的原因，则是各个企业的行动力的差异，那些在激烈竞争中能够最终胜出的企业，无疑都具有很强的行动力。"

无论是名列世界 500 强的企业，还是一些中小企业，它们之所以能在持续改善中不断地发展和壮大，成为行业中的翘楚，比拼的就是行动力，而非源源不断的理由和借口。正是行动力这一核心武器，才使得它们在竞争日趋加剧的环境中每日渐进，使得其改善活动取得成功。如果没有行动力，无论改善的蓝图多么宏伟，都无法使之得以充分展现。

在面对借口满天飞的管理现状时，全力铸造企业行动力，这才是企业有效推行改善的根本方法。

行动力的培养，应因岗而异

改善对于身处不同岗位的人员有着不同的要求，而身处不同岗位人员的素质不同，其对改善的意识和感悟也有所差异。因此，针对不同岗位的人员，可采取不同的方式来培养其改善行动力，如表4-3所示。

表4-3　对不同岗位人员行动力的培养侧重点

不同岗位人员	行动力表现	培养侧重点
一般员工	把每一项改善任务都认真地做好、做到位	一是培养员工遵守规范的习惯，对每一项改善任务都给予充分的尊重，并严格贯彻执行；二是培养员工的工作能力，使之有能力把任务执行到位，在此基础上才能去谈如何改善的问题
管理者	不仅是自己要认认真真地倡导改善活动，同时要有团队开展工作的能力	培养管理者的改善责任意识，组织团队改善的能力，使其成为改善文化的践行者
领导者	对企业所面临的改善目标、改善环境、改善必要性、改善能力等做出评估，并安排改善行动的部署和推进	培养领导者在作出改善决策方面的准确性

任何一个成功的企业，其员工都具备超强的行动力。一个成功的企业家曾说："一个企业想实现成功改善，有三个因素起着决定性作用——领导者的决策、管理者的推行和一般员工的执行。如果能确保这三方面的行动力满足基本要求，那么企业的改善目标便可以达成。"

需要注意的是，培养行动力不是一蹴而就的事，而要分阶段开展，循序渐进地实现。

行动力的培养要循序渐进

行动力说到底就是企业各级人员把改善指令付诸行动的坚定性，是对企业改善目标、理想、信念、愿景、使命理解认同后的行为表现。对于行动力的培养，必然经历一个逐渐提高、由低级向高级逐渐上升的过程，如图4-1所示。

第一阶段表现为：对改善要求的被动服从。在未对改善目标做出深刻了解的情况下，对改善要求不折不扣、不讲条件地执行。

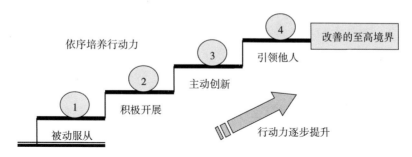

图 4-1　行动力培养过程

这一阶段行动力的培养任务是在建章立制和贯彻制度规定的过程中培养行动力，树立改善指令的权威性，促进员工形成正确的改善意识和改善行为。

第二阶段表现为：在对改善目标已有理解认同的前提下，心悦诚服地开展改善活动。

这一阶段行动力的培养任务应将重点放在进一步加强人们对改善文化的认同上，注重培养员工的业务技能，教导员工用正确的改善方法，找准改善的方向。

第三阶段表现为：发挥员工改善的主观能动性，提出创造性的改善策略、方案。

这一阶段行动力的培养任务应放在引导员工广泛参与企业改善方针、策略的制定上，完善企业改善提案制度和程序。另外，在这个阶段要下功夫提高企业自主创新能力，培养员工的创新意识和创新能力。

最高阶段表现为：企业的改善文化理念已转化为员工个人行为目标和

追求，并带领他人共同努力。

这一阶段实际上是对企业管理者群体进行的全方位检验。管理者不仅要具备改善意识，更要发挥个人示范作用，带领他人一起寻求改善的突破。

在改善活动中，任何企业行动力的发展过程都是依照这四个阶段的次序不断提升的。企业上下应明确当前所处的状态，向着更优秀的阶段发展。

关注影响企业行动力的诸多因素

深入分析前文所列示的员工存在的借口不断、缺乏行动力的表现，实际上主要源于以下几个因素，如表4-4所示。

表4-4　影响行动力的因素

因素	说明
目标认同因素	改善目标是改善行动的指南，唯有员工认同了企业的改善目标，才会产生自觉改善的行动；而如果企业的目标得不到广大员工的普遍认同，那么势必会出现员工在改善推行过程中找借口的情况
决策因素	企业的改善决策如果没有管理者的威信做支撑，其最终的执行力必将大打折扣，员工找借口会成为一种必然
信息因素	信息不对称的问题很容易导致各环节抱怨连连，改善活动难以推行
素质因素	执行力缺乏、借口连篇，本质上仍是员工的职业素质和意识问题。这也反映出企业对员工的教育和培训做得不到位
制度因素	经济学理论中有一个基本假设，即经济人假设，它认为每一个人都有趋利避害的本能。如果企业在制定制度时没有很好地考虑这种心理——奖励没有吸引力、惩罚没有震撼力，那么就很难使制度发挥出良好的激励作用，难以促使员工按要求改善到位

在执行改善的过程中，企业应对这些影响因素加以核查，然后对一切有益于提升行动力的因素，予以充分的利用；对一切有碍于发挥行动力的因素，全部予以排除。

事实上，很多企业采用了非常相似的改善战略，但是最终的改善结果却大相径庭。原因何在？关键就在于借口与行动力的博弈！当企业能够从不同的组织架构、行动力发展的阶段，以及各方面影响因素上对改善活动加以综合考量和控制时，那么企业的行动力将大幅提升，成功改善也变得毫无悬念。

第5章
改善要用好的方法切入

改善方法并不完全决定改善的成败。但如果没有用好的方法，则很容易导致改善活动的失败。几乎没有任何事物能够像方法这样，直接而广泛地影响改善活动的最终成效和改善者的最后成败。正因如此，有关改善方法的抉择问题，永远不能、也不可以被人们所漠视。

改善要落地，方法最重要

很多管理学家认为，是改善的文化理念使得企业运作状态切实得到改善的。实则不然。真正使企业得到改善的，是在改善理念引导下选择并应用的改善方法。而一切改善理念不过是在改善者借助最有用的方法改善企业样貌之后而作出的解释。

有时候，方法比理念更重要

在那些改善方法匮乏的企业中，我们经常看到，其改善理念非常先进，几乎每一天都在引进或创造某种新的企业文化、新的管理理念或新的管理机制。而事实上，要想让改善活动真正落实，仅有改善理念还远远不够，改善者还需借力于正确而有效的改善方法。有这样一个故事：

有一个工人在一家零件制造厂找到了一份负责切割的工作。他决定认真做好这份工作。

上班第一天，小组长给了他一把切割刀，让他到切割车间里去切割铁片。于是，工人按照小组长示范的要求，非常卖力地进行切割。这一天里，他不停地举着切割刀，一共切割了 80 张铁片。小组长对此非常满意，夸他做得很不错。工人听了之后非常激动，他决定要更加卖力地工作，让业绩再提升一些，以感谢小组长对他的赏识。

第二天，工人花的时间比第一天多得多，用的力气也比第一天大得多，但是却并没有带来更好的结果——在第二天，他只切割了 60 张铁片。

工人想：也许我还不够卖力，如果我的业绩一直下降，小组长一定会以为我在偷懒，所以我必须改变这种状况。第三天，工人投入了更多的热情去工作，直到把自己累得再也动不了为止。可是结果却让他更失望——他只切割了 40 张铁片。

工作业绩越来越差，这让工人感到非常惭愧。他主动向小组长说明了自己的工作情况，并检讨说，"我越想提高业绩，结果反倒更低了"。

小组长问他："你多久处理一次你的切割机？"工人一听愣住了，他说："我不想浪费时间，所以把所有时间都用在了切割上……"

这种情况在改善实践中并不少见。改善者为提高业绩，而选择增加工作时间或充分利用工作时间等改善方法，但却并未如预期的那样获得改善结果。实践告诉我们：实现改善目标的关键，并不在于人们是否有改善意识，而在于所选择的改善方法是否正确。

彻底思考现在应该采取什么方法

毋庸置疑，企业时时刻刻都面临着作出改善。有些评论家说："我们必须把过去全盘否定！"其实，我认为这是没有必要的。因为，任何成功的管理者或员工，都是因为曾经采用了正确的方法而取得了骄人的成绩。

但是，随着外部环境的变迁，如果一味死守过去采用的方法来判断事物或处理事情，否定现场的"发现"或是部下难得的提议，那么很容易造成巨大的而又不必要的浪费。所以，从现在开始，人们必须彻底思考以下问题：

（1）目前所选择的方法是否能够适应时代的变化？我们具有哪些素质和能力？这些素质和能力是否能够帮助我们取得新的成功？

（2）如今的企业管理现状是否仍然存在改善的空间？哪些方面有待进一步改善？

（3）新的工作、新的环境中需要自己考虑什么，要以勇敢的精神去挑战哪个课题？

（4）现在最应该采取什么方法，才能更迅速地提升企业管理水平，取得最卓越的改善成效？

……

只有改善者考虑清楚这些问题，才能出其不意地谋划更多新颖的改善方法。需要注意的是，对于工作中出现的问题，改善者绝不能随随便便找个改善办法来应付；如果是这样的话，那就是在应付问题而不是在解决问题。如果只是从表面上解决一时之难，就不能使问题得到彻底圆满的解决。

选出最好的那种方法

当然，可供选择的方法必然难以计数。而在诸多解决问题的方法中，并非所有的方法都有利于问题的解决，只有那些正确的方法才是我们要坚持到底的。因此，改善者必须做好一项重要的工作：冷静地对比一下哪种方法是最好的，并选择好的方法，以期让改善真正落实到位。

我们将介绍几种极富成效的改善方法，希望帮助读者提升改善的技术能力，并准确应用于改善活动中。

做好 5S 管理，培育改善的土壤

"5S" 是整理（Seiri）、整顿（Seiton）、清扫（Seiso）、清洁（Seikeetsu）和素养（Shitsuke）这 5 个词的缩写。因为这 5 个词日语中罗马拼音的第一个字母都是 "S"，所以简称为 "5S"。开展以整理、整顿、清扫、清洁和素养为内容的活动，称为 "5S" 活动。

"5S" 活动的对象是现场的 "环境"，它对生产现场环境的全局进行综合考虑，为改善活动的推行打下基础。

让 5S 依序推行

开展 5S 活动之前，必须确定 5S 中每一步的具体工作内容，掌握工作要点，从而确保将各项工作安排到位。

1S——整理

整理是改善生产现场的第一步，是把生产环境中的需要与不需要的人、事、物彻底分开，然后处理不必要的人、事、物。整理活动通常按照检查表进行操作。某车间的整理检查表（部分），如表 5-1 所示。

表 5-1　车间的整理检查表

项目	检查内容	检查状况	不合格项
通道	通道阻塞，脏乱	否	
	通道有物资，有障碍	否	
	摆放物品超出通道	否	
	畅通，整洁	是	
工作场所的物品、设备	有半个月以上要用的物品，摆放杂乱	否	
	角落里摆放着不必要的物品	否	
	摆放着一周内要用的物品，且整理好	是	
	摆放着二日内要用的物品，且整理好	是	
办公桌、工作台上下	杂乱摆放着不用的物品	否	
	摆放着半个月才用一次的物品	否	
	物品是当日使用的，但摆放杂乱	否	
	物品存放为最低限量，且摆放整齐	是	
料架、资料柜	杂乱摆放着不必要的物品	否	
	料架、资料柜破旧、损坏、不整齐	否	
	摆放着不使用的物品，但摆放整齐	是	
	摆放物为近日使用，且摆放整齐	是	
更衣室	塞满东西，人不易行走	否	
	鞋柜顶部不允许摆放其他东西	否	
	有定位管理但未执行	否	
	鞋柜没有上锁	否	
	清洁用具摆放凌乱	否	
	垃圾没有按时清理	否	
	脏水、污水等没有及时处理	否	

通过有效的整理，可以改善和增加作业面积，提高工作效率，消除混放等差错事故，减少库存，节约资金。

2S——整顿

整顿就是对人和物的放置方法予以标准化。整顿操作的关键在于做到三定：定位、定品、定量。整顿活动结果可形成检查表，如表 5-2 所示。

表 5-2　车间整顿活动的检查表

项目	检查内容	检查状况	不合格项
设备、机器、仪器	破乱不堪，不能使用，摆放杂乱	否	
	不能使用，但集中在一起	是	
	能使用、有保养，但摆放不整齐	否	
	摆放整齐干净，呈最佳状况	是	
工具	不能使用的工具杂乱摆放	否	
	均为可用工具，但缺乏保养	否	
	工具有保养，有定位摆放	是	
	工具采用目视管理	是	
零件、材料	不良品与良品混放在一起	否	
	只有良品，但保管方法不好	否	
	不良品没有及时处理，但有区分及标识	否	
	保管有定位、有图示，任何人都清楚	是	
图纸、试样	过期与在用的图纸杂乱地放在一起	否	
	不是最新版本，且随意摆放	否	
	有资料夹保管，但摆放随意	否	
	有目录且整齐，任何人都能使用	是	
	虽然零乱，但可以找到	否	
	共同文件资料被定位，集中保管	是	
	明确定位，使用后目视管理	是	
	线上所使用的文件都盖有受控章	是	

由表 5-2 可以发现，整顿工作可以通过对生产需要的人、事、物进行量化并定位，然后科学合理地布置生产现场留下的物品，从而使操作员在

最快速、最便捷的情况下拿取所需物，在最简洁有效的规章制度和流程下完成生产操作。

3S——清扫

清扫是根据整理、整顿的结果，将生产现场不需要的部分予以清除或标示，或存放至仓库之中，同时将工作场所打扫干净。清扫活动检查表，如表5-3所示。

表 5-3 清扫活动的检查表

项目	检查内容	检查状况	不合格项
通道	有烟蒂、纸屑、铁屑、其他杂物	否	
	虽无脏物，但地面不平整	否	
	有水渍、灰尘	否	
	使用拖把，并定期打蜡，很光亮	是	
作业场所	有烟蒂、纸屑、铁屑、其他杂物	否	
	有水渍、灰尘	否	
	零件、材料、包装材料存放不妥，掉在地面上	否	
	使用拖把，并定期打蜡，很光亮	是	
办公桌作业台	文件、工具、零件很脏乱，且布满灰尘	否	
	桌面、作业台面虽干净，但有破损之处	是	
	桌面、台面干净整齐	是	
	椅子及四周均干净亮丽	是	
窗、墙板、天花板	破烂，但仅作应急、简单处理	否	
	胡乱贴挂不必要的东西	否	
	勉强算干净	否	
	干净亮丽，给人感觉舒爽	是	
	下班后窗户是否关闭	是	

需要注意的是，清扫并不仅仅是擦干净，还要查明异常发生的原因，并采取有效措施加以排除，不能放任问题不管。因此，这项活动是改善的起始点。

4S——清洁

清洁是指在整理、整顿、清扫之后，对前三项活动的坚持和深入，以防止产生安全事故，创造良好的生产工作环境。生产环境的清洁活动的检查表，如表5-4所示。

表5-4 清洁活动的检查表

项目	检查内容	检查状况	不合格项
通道 作业区	没有划分区域	否	
	划线模糊	否	
	划线清楚，地面被清扫过	是	
	通道及作业区感觉很舒畅	是	
	通道的工作区域标识无残缺、破损	是	
地面	有油或水	否	
	有油渍或水渍，显得不干净	否	
	经常清理，没有脏物	是	
	地面干净亮丽，感觉舒服	是	
	没有出现硬物将地面划伤	是	
办公桌 作业台 椅子 架子	工作台面脏乱，不整齐	否	
	虽经过清理，但显得脏乱	否	
	人离位后、椅子未用时予以归位	是	
	让人觉得很舒服	是	
工具柜	内部无灰尘	是	
	工具柜外注明了存放的工具名称	是	
	工具摆放整齐	是	
更衣室	更衣室地面无垃圾、水渍	是	
	鞋柜顶部无灰尘	是	
	饮水机及微波炉上无灰尘	是	

从表5-4可以看出，清洁活动实际上是在持续进行前面三种作业，以保持现场、物料的清洁状态，它更强调改善的状态。

5S——教养

当达成前面四项活动成果后，就需要培养高素质人员，以深入和保持改善前四项活动成果，这就是 5S 中的第五个阶段。教养活动检查表，如表 5-5 所示。

表 5-5　教养活动检查表

项目	检查内容	检查状况	不合格项
日常 5S 活动	没有活动	否	
	开会时对 5S 加以宣导	是	
	活动热烈，众人具备 5S 活动意识	是	
服装	不整洁	否	
	扭扣或鞋带未弄好	否	
	厂服、识别证依规定佩戴整齐	是	
	穿着依规定，并感觉有活力	是	
仪容	不修边幅且脏	否	
	头发、胡须、指甲过长	否	
	头发必须放入防静电帽内，衣领及衣服帽子不允许露在静电衣服外	是	
	精神有活力	是	
	手饰等其他金属物品不允许露在外面	是	
行为规范	举止粗暴，口出脏言	否	
	衣衫不整，不讲卫生	否	
	自己的事可做好，但缺乏公德心	否	
	富有主动精神、团队精神	是	
时间观念	稍有时间观念，开会迟到的人很多	否	
	不愿受时间约束，但会尽力去做	否	
	约定时间的事情，会全力去完成	是	
	约定时间的事情，会提早去做好	是	

通过教养环节，可以培养人员养成严格遵守规章制度的习惯和作风，营造良好的团队改善氛围。

5S 推行的阶段性控制

5S 活动的开展始终是循序渐进的，从整理、整顿开始，再到清扫，当设备的检查、检点、保养和维修具备了大工业生产的条件后，再导入清洁，最后进行人员的教养活动，来长期维持 5S 活动的成果。

推行 5S 时，一般可以分为三个阶段来进行，如图 5-1 所示。

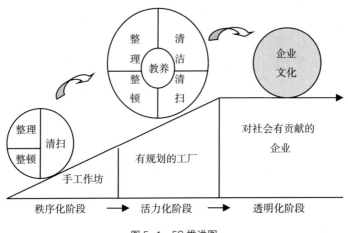

图 5-1　5S 推进图

（1）第一阶段——秩序化阶段。这一阶段的工作可以分为三个部分——整理、整顿和清扫。在这一阶段里，企业应制定标准，让员工养成遵守标准的习惯，逐步地让员工的整体工作水平超过手工作坊式工作的水平。

（2）第二阶段——活力化阶段。其后就形成了 4S，也就是整理、整顿、清扫、清洁。通过推进各种改善活动，让每位员工都能主动参与其中，使得企业上下都充满生机活力，进而形成一种和谐的改善氛围。

（3）第三阶段——透明化阶段。这一阶段是 5S 的最高阶段，已形成了自动改善的企业文化。

随着 5S 活动的推行，企业人员的素质将逐步得到提高，各种混乱、浪费现象将得以控制和消除，现场管理必然呈现出越来越完美的状态，而改善活动也会由此得以顺利开展。

遵循标准，探索更好的方法

对于企业日常事务，人们通常会依据某种已达成共识的程序或方法来运作，而后将这些程序或方法清楚地记录下来，这便形成了"标准"。而成功的日常事务管理，可以浓缩为一个观念：维持及改进标准。这不仅意味着人们要遵照现行技术上、管理上及作业上的标准，还要改进现行的流程，以将之提高至更高的水准上。

标准的价值区域

为什么要遵守标准？这是因为标准有以下主要特征。

（1）标准是最好、最容易操作与最安全的工作方法。当管理层要维持及改进某件事的特定工作方式时，会要求不同班别的所有工作人员遵守同样的程序。这些标准会使工作最有效率、最安全、最容易取得收益。

（2）标准集合了员工工作多年的智慧，是沉淀技巧和专业技术的最佳方法。如果一位员工掌握了工作的最佳方法，但并未将此方法与他人分享，那么这种知识必然会因员工流动而面临流失。唯有将其予以标准化、制度化，这些在公司内的知识、方法才能得以保留。

（3）标准是衡量绩效的方法。凭借标准，管理人员可以更为客观地评估员工的工作绩效。反之，绩效评估的公正性就无从谈起。

（4）标准是防止错误再发生及变异最小化的方法。只有在改善成果予以标准化后，才能期望相同的问题不会再发生。改善者的任务是对每一个改善点予以确认、定义及标准化，而且要确认这些标准都能被严格遵照执行。

（5）标准是让问题浮出水面的方法。如果没有严谨的标准，人们甚至无法洞悉产生问题的根源。而如果有了标准，那么问题便会迅速显现出来。在丰田工厂中，有人如此描述："因为有轨道，只要脱轨，马上就能察觉。"这便是推进遵循标准的益处所在。

我们可以这样认为：标准是保证质量的最好方法，也是工作上最节省成本的方法。而唯有遵守标准，这些方法的作用才会得以体现。不过也应注意，如果永远按相同的标准来工作，也是永远不会取得进步的。

遵循标准是改善的第一步

遵守标准会使人们的工作非常高效。这便导致许多人产生了一个错误观念，认为标准化就是执行某项工作的最佳科学方法，并且固定地实施此方法。

而今井正明曾以流程为例，谈及遵循标准之于改善的益处：任何流程若乱无章法、经常改变，那么，任何针对此流程所作的改进只不过是多增加的一项变化种类，偶尔会被使用，但大多数时候被遗忘或忽略。简言之，改善者唯有先行标准化，而后才谈得上实现真正的改进。

举个例子，一个人若学习打网球，那么教练教他做的第一件事就是基本的挥拍动作。接下来，这个人就要不断地练习以稳定自己的挥拍动作。在他尚未掌握稳定挥拍的基本技术之前，根本不能奢望去改善这个人打网球的技巧。

仍需再探索

改善者的第一职责就是遵循标准来执行。尽管在遵守标准的情况下，仍然可能发生异常情况，这就需要改善者修正或者提高现行的标准，这便是"改善"。

丰田工机公司的董事岛吉男说，丰田公司在20世纪80年代导入TQM（全面质量管理）。公司在这一时期所建立的各种标准反映出，它们不仅是质量保证的重要步骤，而且还代表着管理层的愿望，以及他们对理想程序的愿景。

然而，在实施这些标准后，岛吉男却发现：它们并不是经常有用的。

对此，他继续说道："标准化困难的地方，是标准并不是不可改变的。如果你将标准定得僵硬如石，那么将会失败。你必须认为标准是有弹性的。""一旦有了标准，而且被遵行，假使你发现有了偏差，知道哪儿出了问题，你便可以接着检查标准，以及将偏离标准的偏差纠正过来，或者修改标准。这就是永无止境的改善过程！"

换言之，为了保持运作，人们必须定期检查、改进及提高现行标准。而整个公司全面改善的历程，也意味着一旦运行状态稳定，那么改善者便应计划下一个挑战，永无止境地检查现行的标准。

让员工参与其中

如何才能探索出更好的改善方法呢？一个有效的途径就是让员工参与其中。

很多企业中的作业标准是由管理者制定的。实际上，这是一种不甚明智的做法。唯有让现场人员制定标准，才会调动他们的积极性，使之更乐于执行标准，也更乐于提出下一步改善方略。

而且，企业也没有必要从一开始就确立完美的目标。正如大野耐一所建议的那样，不妨制定一个轻松点的标准来作业，让大家有机会发现问题，有机会去亲自修改，如此方能使每一个员工在改善实施过程中不断进步、成长。

工作方法改善的四个步骤

正如前文所言，工作方法始终存在着改善的空间，我们需要对工作方法进行持续的改善。为此，无数改善者在不断尝试各种最有效而可行的改善技术。而最令他们称道的技术方法，就是"工作方法改善四步法"。下面我们将重点阐述这种方法的实践应用。

步骤一：工作分解

　　工作分解是指将工作分解成具体的步骤、动作单元和动作要素。它给了改善者一个回想或熟悉细节的机会，同时也使得改善者可以发现各个细节是否需要完善。因此，工作分解得越详细、越准确，改善结果就会越有效。这是工作方法改善的起始点。

　　在进行工作分解时，改善者万万不要完全依赖于自己的记忆，而是要亲临现场，确定自己看到的每一处细节，以掌握最完整、最准确的事实。如果改善者在工作场所观察员工们工作，告诉他们自己正在做什么以及为什么要这么做，并出示工作分解表，向其寻求帮助，那么在大多数情况下，当员工们理解了工作方法培训的目的和技术之后，他们会积极地加入改善队伍中，热情地与改善者一起工作。

步骤二：细节提问

　　改善是否能够取得成功，在很大程度上有赖于改善者从细节中发现问题的能力。所以，在这一步骤中，改善者要针对从上一环节中分解出来的每个细节进行提问，并运用5W1H分析法引发进一步的思考。

> 5W1H 分别指：
>
> Why：它为什么是必要的？
>
> What：它的目的是什么？
>
> Where：它应该在何处完成？
>
> When：它应该在何时完成？
>
> Who：谁是完成它的最合适的人选？
>
> How：怎样做是最好的方法？

　　依次回答上述问题，对改善工作方法是十分必要的。由此可以避免我们浪费时间却改善了不必要的细节，同时，也自然而然地形成了一个完整的工作方法改善计划。

步骤三：开发新方法

当在细节提问环节中发现了改善机会后，改善者可以运用改善工具进行改善规划，形成一套清晰的新工作方法。

美国企业经常应用 ECSR 原则进行工作改善，即取消不必要的工作内容、合并细小的工作内容、简化工作操作、重排工作顺序，从而引导改善者简单、快捷地找到工作改善的方法。此外，动作经济原则、流程经济原则和现场改善手法等也是最重要的改善工具。

表 5-6 是针对某产品作业而实施的工作方法改善中的前三步方法。

表 5-6　工作方法改善中的前三步

产品：XXX				制作人：XXX				日期：　年　月　日				
操作：检验、组合、包装					部门：组装与包装							
序号	方法细节	距离	备注	为什么、是什么	何处	何时	谁	如何	想法	取消	合并	重排	简化
1	走到零件 A 供给箱	20 米	已有搬运人员搬运过去	○					不，如果零件更靠近组装台	○			
2	取 15~20 枚零件 A				○			○	更靠近组装台			○	○
3	走回工作台	20 米		○				○	同 # 1	○			
4	检查并摆放 12 枚零件 A		不合格产品放入废料箱	○		○		○	组装前检查、摆放：同 # 1			○	○
5	走到供给箱处放回多余零件 B	20 米		○					同 # 1	○			
6	走到存放零件 B 的供给箱	10 米		○					同 # 1	○			

续表

产品：XXX				制作人：XXX				日期： 年 月 日				
操作：检验、组合、包装					部门：组装与包装							
序号	方法细节	距离	备注	为什么、是什么	何处	何时	谁	如何	想法	取消	合并	重排	简化
7	取 15 ~ 20 枚零件 B				○			○	同 # 2			○	○
8	走回工作台	20 米		○					同 # 1	○			
9	检查并摆放 12 枚零件 B		不合格品放入废料箱，零件B放在铜片上面		○	○		○	在组装前检查、靠近组装台摆放	○		○	○
10	走到供给箱放回多余零件 B	20 米		○					同 # 1				
11	走回工作台	20 米		○					同 # 1				
12	用右手拿起一套零件 A							○	更好的方法				○
13	将零件 B 中孔对齐		对齐公差为 0.1mm					○	更好的方法				○
14	将组合后的零件套装放入完工箱							○	更好的方法				○
第 12 ~ 14 步重复 11 次												
15	将零件套装放进搬运箱				○	○	○		组装之后，任何时间、地点、负责人操作			○	
16	把搬运箱搬到包装区	500 米	由搬运人员搬运		○	○	○		同 # 15	○			

续表

产品：XXX			制作人：XXX				日期： 年 月 日				
操作：检验、组合、包装					部门：组装与包装						
序号	方法细节	距离	备注	为什么、是什么	何处	何时	谁	如何	想法	取消	合并	重排	简化
17	将零件套装取出，重新包装		由包装人员操作		○	○	○		同 # 15		○		
18	运出		搬运箱由搬运人员送回		○	○	○		同 # 15				

改善者在表 5-6 中记录了自己的改善思路来源和初步想法。以细节 1 为例，改善者从"为什么它是必要的"来切入思考，他发现"走回工作台"是一个不必要的动作。他认为"应该把零件放在靠近工作台的位置"，并可以将这个细节予以"取消"。

整项工作的所有细节都依照这种模式进行了分析，最终便形成了如表 5-6 所示的具体的改善计划，并以一页纸报告形式清晰地展现了出来。

步骤四：实施改善

无论多好的改善计划，如果不能被应用于实践中，那么便是毫无价值可言的。因此，在改善计划完成后，改善者最需要考虑的问题就是如何让改善计划付诸实践。

（1）争取上级管理者的支持。改善者应向上级管理者提交一份简洁、完整的改善建议书，备齐分解表、改善样本、图片以及其他材料等，向管理者阐释这项改善建议将如何使企业的人力、机器、材料、空间、质量、安全性等方面得以改善。获得管理者的支持，才能为改善树立最强大的后盾。

（2）赢得操作者的信任和支持。我们在前文中说过，虽然改善会给企业带来诸多益处，但是人们在改善之初往往抱着抵触情绪。要解决这个问题，改善者就需要向员工解释清楚"改善的终极目的在于寻找更好的方法来提高产量或服务"，而新的工作方法将使工作更简单、更安全，并获得更多收益。当然，最好的方法就是让员工参与到工作方法改善过程之中。

如果改善计划获得了企业上下的全力支持，那么改善计划即可正式宣告实施了。

我们还要提醒改善者：工作方法的改善常常不能一步达标，即便是某个细节处理得不够到位，也会使改善效果不尽如人意，甚至不得不实施二次改善。因此，改善过程中切忌急躁，要关注细微之处。只要每天都能保持进步一点点，那么最终的改善就会成功。

从细微处入手，每天进步一点点

国内不少企业经营管理者热衷于进行大跨步的激进式变革，视"小改善"是小打小闹，对企业来说意义不大；企业需要大手笔，如流程再造、组织变革、策略重建、文化变革、TPM 等。

然而，无数的改善实例又在传递出一个惨淡的结果：不少看似极有前途的改善方案，虽然在实施之初搞得轰轰烈烈，但最后却不得不草草收兵。细问原因何在？

改善不切实际

我曾参与过无数次改善活动的推行。在此过程中，常常见到一些人寄希望于翻天覆地式的大变革，将主要精力投入于构思大改善的"宏伟蓝图"上，但却忽视了一个主要问题：这些改善是否能够成为现实？自己对这些改善点的情况是否真正了解？

有一位新员工刚进入华为时，就公司的经营战略问题给任正非写了一封"万言书"。任正非当即批复："此人如果有精神病，建议送医院治疗；如果没病，建议辞退。"

为什么任正非会如此批复呢？因为他非常清楚一点：如果一名改善者尚未了解企业的各处细节，那么根本谈不上会提出合乎实际的建议。所以，任正非坚持在华为实施这样一种改善方针："小改进，大奖励；大建议，只鼓励。"

事实上，改善者自身也应该意识到：必须全面了解每个细节，特别是对于自己的本职工作，必须做到十二分的了解和可控，而后才谈得上改善。如果没有足够的了解而妄言改善，那也不过是纸上谈兵。

此外，"小改善"也是一种低风险的管理方式。因为在改善过程中，如果发觉改善点存在不妥之处，改善者随时都可恢复到原来的工作方法，而不需耗费过大的成本。

于细微处寻找改善点

管理学家彼得·德鲁克说过："行之有效的创新在一开始可能并不起眼，而每一个伟大的创新都是由无数个小创意汇集而成。"改善与创新有异曲同工之妙，也同样从细微之处开始。

石油大王洛克菲勒在美国一家石油公司当学徒时，所做的工作是确认石油罐盖的自动焊接情况。他在工作中发现，罐子旋转一次，焊接剂会滴落 39 滴，焊接工作就结束了。他由此想到，若能将焊接剂减少一两滴，岂不节约了成本？经过反复研究，"37 滴型"焊接机被他改装成功。美中不足的是，用这种机器焊接的罐子有时漏油。他不灰心，继续潜心钻研。不久，他又研制出了"38 滴型"焊接机。这种机器虽然只节省一滴焊接剂，但仅仅这"一滴"，每年却会为公司节省 5 亿美元的成本。

这类改善实践非常之多。任何一个方面、任何一个小细节都可以成为人们的改善着眼点，任何一点的改善都可能给企业带来意想不到的收益。

细微改善的大奇迹

事实上，那些寄希望于大改善的改善者，还应认识到一个问题：任何大改善的成功实现都离不开细微之处的改善。如果能够完成无数成功的小改善，那么同样可以创造大奇迹。纵观那些成功的改善案例，无不是借助小改善的方式慢慢实现的。虽然每天仅有小小的进步，最后却建成了"罗马城"。

某海洋公园里有一条大鲸鱼，虽然重达 8000 多公斤，但是它却能跃出水面 6 米，并能够出色地表演各种杂技。面对这条创造奇迹的鲸鱼，有人向训练师请教训练秘诀。训练师说："训练之初，我们把绳子放在水面下，使鲸鱼不得不从绳子上方通过。通过后，鲸鱼便会得到一些奖励。后来，我们慢慢地提高绳子的高度，不过每次提高的幅度都很小，这样鲸鱼并不需花费太大力气便会跃过去，并获得奖励。因此，这条常常受到奖励的鲸鱼很乐意接受下一次训练。随着时间的推移，鲸鱼跃过的高度逐渐上升，最后竟然高达 6 米。"

训练师最后总结到，他们训练鲸鱼成功的诀窍，是每次让它进步一点点。

我们知道，在计量单位上，有一个较小的质量单位叫盎司。这个单位经常会被引用，来借指微不足道的事情。训练师训练鲸鱼的方法，就如让鲸鱼每次进步一盎司，微不足道的"一盎司"积累到一定的程度，最终便创造出了奇迹！

改善者完全没有必要担心改善的范围或成效过小。改善活动取得成功的关键因素在于找到最准确的细小改善点，并持续不断地对其予以完善、提高。纵然单独一项改善活动所带来的影响是微乎其微的，但是只要它是一个正确的改善项目，简单易行、易于维持而且被持续不断地实施，那么企业最终会取得决定性的成功。

运用可视化，让问题显现出来

要想更容易地发现改善点，一个最有效的方法就是实施可视化管理。所谓"可视化管理"是指整理、整顿、清扫、安全活动结束后，通过人的五感（视觉、触觉、听觉、嗅觉、味觉）能够感知现场的正常与异常状态的方法。

让问题自动显现出来

大部分从现场产生的信息，经过许多管理层级的传递，最后才送达最高管理人员，信息在向上级呈报的过程中，越来越抽象并且脱离了事实。

在实施可视管理的场所，管理人员只要一走入现场，一眼即可看出问题的所在，而且可以在当时、当场下达指示。举个例子来说，如果冲床上的模具发生损坏，生产出不合格品而又无人知晓的话，那么不久便会生产出堆积如山的不合格品。如果机器上附有"自动化"装置，那么一旦生产出不合格品，便会即刻自动停止生产。

当生产线一旦停止，每一个人都能意识到发生了问题，然后会努力确保此生产线不会再因相同的原因停下来。"能停止的生产线"，是现场可视化管理的最好示例。

可视化管理的五个方面

可视化管理主要涉及五个方面，即物品可视化、作业可视化、设备可视化、质量可视化及安全可视化。下面我们将逐一阐述各类可视化的管理操作要点，如表 5-7 所示。

表 5-7　可视化管理的五个方面

方面	说明	要点	方法
物品可视化	对生产现场中的工夹具、计量仪器、设备的备用零件、消耗品、材料、在制品、完成品等各种物品状态予以展现	·明确物品的名称及用途； ·决定物品的放置场所，容易判断； ·放置物品时，要保证顺利地进行先入先出； ·决定合理数量，只保管必要数量且要防止断货	·分类标识及用颜色区分； ·采用有颜色的区域线及标识加以区分； ·采用轨道式（一头入，一头出）或斜坡式（上入下出）出入方式； ·标识出最大库存线、安全库存线
作业可视化	展现是否按计划要求正确作业，是否有异常发生；如果有异常发生，应如何简单明了地表示出来	明确作业计划及事前准备的内容，且很容易核查实际进度与计划是否一致	借助保养用日历、生产管理板、各类看板等，来实现可视化管理
设备可视化	以能够正确地、高效率地实施清扫、点检、加油、紧固等日常保养工作为目的，达到设备零故障	·清楚明了地表示应该进行维持保养的部位； ·迅速发现发热异常； ·正常供给，运转清楚明了； ·使各类盖板极小化、透明化； ·标识出计量仪器类的正常范围、异常范围、管理界限； ·设备按要求运转； ·设备异常的"显露化"	·用颜色区别加油标贴、管道、阀门； ·在马达、泵上，使用温度感应标贴或温度感应油漆； ·旁置玻璃管、小飘带、小风车； ·揭示应有的运作周期和运作速度； ·在重要部位贴上"质量要点"标贴，明确点检线路，防止点检遗漏
质量可视化	有效防止许多人的失误的产生，从而减少质量问题的发生	·防止因"人的失误"导致的质量问题； ·防止未校验的计量器具被使用； ·正确地实施点检	·合格品与不合格品分开放置，用颜色加以区分； ·对不合格的计量器具隔离，用颜色标识，防止被误用； ·对所有计量仪器，应按点检表逐项实施定期点检
安全可视化	通过标示危险的事、物，刺激人们的视觉，以唤醒人们的安全意识，防止事故、灾难的发生	·注意有高低、凸起之处； ·设备的紧急停止按钮设置； ·注意车间、仓库内的交叉之处； ·对危险物的保管、使用，要严格按照法律规定实施	·使用油漆或荧光色，刺激视觉； ·设置在容易触及的地方，且有醒目标识； ·设置凸面镜或临时停止脚印图案； ·对法律的有关规定，要醒目地予以展示

各类可视化管理的要点和方法很多，改善者需要在已有基础上进行创新，将其更有效、更灵活地加以应用，使现场运作状态一目了然。如果问题一旦发生，便会迅速凸显出来。

可视化管理可以运用广告牌、信号灯、流程图、区域线、工作管理板、提案管理板、工序追踪板或工作追踪表、延误任务日志和优先板状态图等，这些载体都很容易跳入人们的视野中，引起人们的注意。在这些可视化管理载体中，生产追踪表是最常见的应用载体之一。下面我们将予以详细介绍。

生产追踪表

这种基本的追踪方式，对预期产出与实际产出情况进行了量化对比，如表 5-8 所示。该表适用于那些预期会非常稳定且以节拍时间进行生产的区域，如实行流水线生产的转配线和子装配线。

表 5-8　生产追踪表

单位生产时间	目标 单位生产时间/累计时间	实际 单位生产时间/累计时间	差异 单位生产时间/累计时间	出现偏差的原因
8：00 ~ 8：30	20/20	18/18	−2/−2	10 分钟准备时间；晨会延长了两分钟，讨论质量问题
8：30 ~ 9：00	30/50	30/48	0/−2	
9：00 ~ 9：30	30/80	30/78	0/−2	
9：30 ~ 10：00	30/110	32/80	+2/0	小组长在五号工位提供了帮助，以便在休息前赶上进度
10：00 ~ 10：30	20/130	20/130	0/0	10 分钟休息时间
10：30 ~ 11：00	30/160	30/160	0/0	
11：30 ~ 12：00	30/190	27/187	−3/−3	容器内缺少了 3 个 A 零件，通知了生产和库存控制部门
12：30 ~ 13：00	/190	/187	/	30 分钟午餐时间
13：00 ~ 13：30	30/220	30/217	0/−3	
13：30 ~ 14：00	30/250	30/247	0/−3	

单位生产时间	目标 单位生产时间 /累计时间	实际 单位生产时间 /累计时间	差异 单位生产时间 /累计时间	出现偏差的原因
14：00～14：30	30/280	30/277	0/–3	
14：30～15：00	20/300	20/297	0/–3	10分钟休息时间
15：00～15：30	30/330	30/327	0/–3	
15：30～16：00	30/360	30/357	0/–3	
16：00～16：30	20/380	21/378	+1/–2	10分钟清洁整理；小组长在五号工位提供帮助，以准时完工
16：30～17：00		3/380	+2/0	加班：时间2分钟，原因：补足在10：30的单位生产时间内的零部件短缺
总计	380/380		0/0	及时修复外部故障——加班时间最短

注：用"字体突出显示标记"来表示完成、高于或低于目标。无显示标记表示完成目标；深灰色标记表示低于目标；浅灰色标记表示超过目标。

　　表5-8以每小时生产的单位数量的形式显示出了预期产量，记录了实际生产数量以及流程中断的类型和原因。即使在计算出生产速度之前，生产流程的中断情况也会被以小时为单位加以记录。这对建立流程规范以及养成"记录流程异常情况和解决措施"的习惯非常重要。不管流程是否成熟，出现失误的根源始终是表中的重要展示内容。

　　随着流程的稳定，观测的时间间隔应该从1个小时缩短到更短的时间，比如10分钟，或者单位生产所决定的时间间隔。这个时间间隔可以缩短到5分钟或更短，这取决于流程成熟度以及产品包装盒运输方式。缩短观测时间间隔是为了对生产流程中的中断进行近距离的清晰认识。在单件流程建立之始，流程上游会经常遇到故障，流程内部更容易出现中断。待这些问题被解决后，进行观测的时间间隔可以被逐渐缩短，以捕捉到下一阶段的中断，确定下一次改进的焦点。

　　毫无疑问，可视化会帮助改善者以最快的速度发现问题。不过，改善并不是到此即止。改善的重头戏到这里才正式开始。下一步，我们就需要将问题予以梳理与汇总，以寻求解决良策。

用好一页 A3 纸报告解决问题

解决问题是一门思考的学问，如何把每一步骤的重要信息与决策记录下来，与他人分享，获得他人的意见，并吸取他人的意见以作出适当修改呢？

通常情况下，人们会考虑用大量数据表或大型数据库来汇总问题，但往往信息量过于繁杂，需要花费大量时间去找寻信息间的逻辑。丘吉尔曾这样幽默地讽刺一份冗长的报告："这份文件的长度把它自己捍卫得很牢固，完全避免了被阅读的危险！"

为了避免这类问题的发生，丰田发明了一种便于阅读的方法——使用铅笔、橡皮和一张 A3 纸，来编写"A3 纸报告"。这种报告通常将少量文字和绘图相结合，把问题的源头、分析、纠正和执行计划等各种信息呈现得简明扼要，可以用很短的时间阅读、理解，并辅以作出决策。

使用 A3 纸报告的完美执行

使用 A3 纸报告讲求的是一个完整开端、随时追踪、完美收场并随时改善的过程。在使用 A3 纸报告时，改善者及时地跟踪改善项目，及时地提出建议，避免改善结果与目标差距太远。更重要的是，在这个项目完成时，团队成员应该对解决问题的循环和持续改善的思维产生全新的认识，并在以后的工作中用好它。

为了实现 A3 纸报告的价值，需要改善者将 A3 纸报告的表现形式做得更为生动、直接。A3 纸报告的目的是鼓励人们思考，因此可以尽可能多地使用图表、数据。例如，在说明目前状况和目标状况时，可使用 SWOT 分析、价值流程图、柱型图等；在进行原因分析时，可使用鱼骨图或 7 大质量手法等；而在规划行动时，可以使用甘特图。这样做能使图表化的 A3 纸报告更容易让人理解。

此外，保持 A3 纸报告的及时更新也非常重要。A3 纸报告是一个很重要的沟通工具，也是改善活动的"宣传栏"。一份及时更新的 A3 纸报告，更容易获得领导和同事的认可。

解决问题的 A3 纸报告

表 5-9 是某公司一份完整的 A3 纸报告。

5-9　某公司的 A3 纸报告

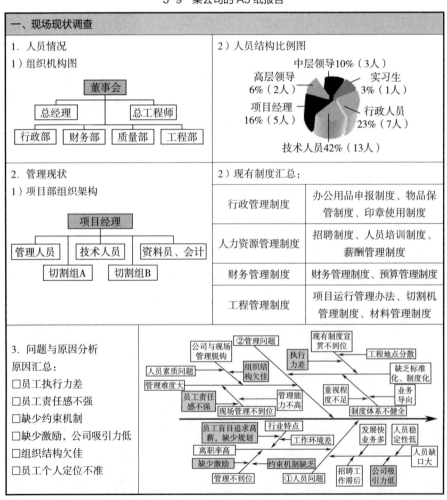

续表

二、人力资源管理体系建设方向

1．建设目标

为公司发展提供灵活有效的人力资源管理保障，包括人力资源规划、岗位分析计划、人员招募系统、人员培训系统、薪酬管理制度与绩效考核制度等，解决公司发展中"人"的问题。

2．示意图

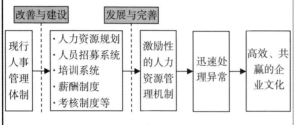

3．建设原则

·结合公司实际，坚持业务导向与项目目标导向

·重视企业文化理念建设

·具有足够的灵活性

·实现管理的体系化

·具有公司特色的可复制的管理模式

各体系之间存在着紧密的内在关联，需要依序进行。

4．内容概要

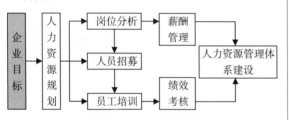

1）人力资源规划（HRP）

解决问题：人力资源工作缺乏战略性，人力成本不清晰。

模型：

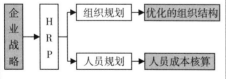

2）岗位分析计划

解决问题：岗位职责不明。

模型：

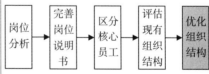

3）人员招募系统

解决问题：工作难度大，程序不标准。

模型：

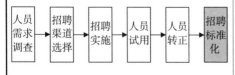

4）人员培训系统

解决问题：人员能力较低，执行力和人员稳定性较差。

模型：

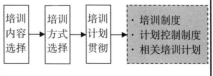

续表

5）薪酬管理制度

解决问题：员工离职率高，招聘任务难以完成。

模型：

薪酬制度调查 → 企业薪酬定位 → 薪酬制度完善 → ·有竞争力的薪酬制度　·符合实际的福利保障体系

6）绩效考核制度

解决问题：员工责任感不强，工作可控性和激励性差。

模型：

选择考核方法 → 岗位绩效指标 → 合理的考核体系　绩效考核制度的建立应谨慎进行

5. 推进步骤

工作项	细项推进	11月	12月			1月			2月			3月			4月			5月			6月		
		下	上	中	下	上	中	下	上	中	下	上	中	下	上	中	下	上	中	下	上	中	下
前期准备	改善方案论证	■																					
	信息收集	■	■																				
人力资源规划	人力成本核算																						
	组织结构优化																				■		
岗位分析计划	岗位说明书完善											■	■	■									
人员招募系统	招聘渠道拓展								■	■	■												
	招聘工作流程化		■	■	■	■	■	■															
人员培训系统	培训方式选择														■	■	■						
	培训组织制度开发													■	■	■							
	计划推进														■	■	■						
薪酬管理制度																							
绩效考核制度									■	■	■	■	■	■	■	■	■	■	■	■	■	■	■

通过 A3 纸报告，我们可以展现出完整的问题发现、定位、分析全过程，判断出引发问题真正的核心根源，并提出自己的处理建议。当然，也不可否认，A3 纸报告虽然能够有效传递信息，但仍然并非完美。因此，我们仍然可以对其内容与形式不断地加以改进。

A3 纸报告的制作重点

A3 纸报告的制作是一门艺术，并没有适用各种情况的唯一方式，但一些重点原则是通用的，可以使其呈现的信息更容易被理解。通常情况下，改善者在制作 A3 纸报告时，应注意以下事项：

（1）避免过多文字叙述。以趋势图方式展现数据，更易于快速理解。

（2）对类似的信息使用一致的格式。例如，趋势图中设置统一的刻度等级，以免造成视觉误导。

（3）如必须使用文字说明，则分项说明，不要使用过长的句子论述。

（4）避免罗列过多项目或过小的数据，以免使报告不易于阅读。

（5）使用箭头或数字来标识信息走向，使读者了解各部分信息间的关系。

（6）注意视觉平衡感，使读者保持注意力的集中。

很多人误以为，使用 A3 纸报告就是填表或绘制花哨的图，意图施展一种报告制作技巧，并且花许多时间比试看谁作出的图表最新奇。

实际上，这并非 A3 纸报告的主要诉求点。A3 纸报告应该实现的价值是有效沟通、分享重要信息、寻求支持、征询建议、达成共识、解决问题以及获取成果。无论为 A3 纸报告选择何种内容或表现形式，都是以实现这些价值为目的的。

灵活应用 ECRS 和 PDCA

改善有很多种方法，应用频率最高的两种方法莫过于 ECRS 和 PDCA。

ECRS 改善法

在前文工作方法改善一节中，我们曾简单提及这种方法的应用，下面我们来重点介绍。ECRS 主要是在流程管理中应用，它由四个英文单词的缩写组成，代表着四层含义，也指代了四种不同的改善方法。

ECRS 含义
1. E（Eliminate）：排除、取消。取消不必要的工作环节，是改善工作流程的最高原则。例如，取消生产流程中不必要的工序、搬运、检验等环节。
2. C（Combine）：合并。对于工作量过大、出于专业需要或以提高工作效率为目的的工作环节，必须予以保留；而其他环节的操作，则需要予以合并。例如，对工具、控制和动作的合并等。
3. R（Rearrange）：重排。将程序按照合理的逻辑重新排序，或者在改变其他要素顺序后，重新安排工作顺序，同时也可以进一步发现可取消或合并的环节。
4. S（Simplity）：简化。对于各环节的工作内容和该环节本身，都可以进行必要的简化。例如，对于工序操作中的动作组合，尤其是在一个位置上的多个动作，要尽可能予以简化。

ECRS 针对每一项工作，结合作业方法、动作研究、标准化等方法，运用 5W1H 分析方式，找出整个作业过程中所存在的问题，继而逐步提升工作效能，改善作业方法。

下面我们以某超市的顾客接待流程为例，来说明 ECRS 的具体使用。超市结账流程如图 5-2 所示。

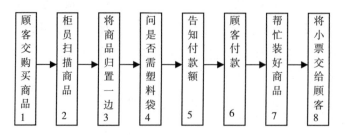

顾客交购买商品 1 → 柜员扫描商品 2 → 将商品归置一边 3 → 问是否需塑料袋 4 → 告知付款额 5 → 顾客付款 6 → 帮忙装好商品 7 → 将小票交给顾客 8

图 5-2　超市结账流程图

我们运用 ECRS 进行分析，可以发现以下几个可改善之处。

（1）合并第 1、3、7 三个步骤，由顾客自己装袋，装袋和条码扫描就可以同时进行，并且提醒顾客准备付款，减少等待缓冲时间。

（2）而后重排第 2、4 两个步骤，先准备购物袋，就可以一边扫描条码一边装袋了。

（3）简化告知付款额，使用电子显示牌，这样也可以减少等待时间。

通过 ECRS 分析，对各个环节作出改进后，可以得到一个新的收银流程，如图 5-3 所示。

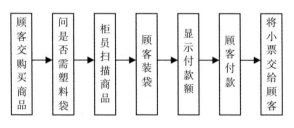

图 5-3　改进后的流程图

这样一来，工作步骤便由原来的 8 个减少为 7 个，并减少了一处移动时间和两处等待时间，大大缩短了整项工作的操作时间。

PDCA 改善法

PDCA 代表了四个英文单词首字母的组合，分别指：

P（PLAN）：计划。找出存在的问题，通过分析来制定改进的目标，确定达到这些目标的具体措施和方法。

D（DO）：执行。照制订的计划要求去做，以实现质量改进的目标。

C（CHECK）：检查。对照计划要求，检查、验证执行的效果，及时发现改进过程中的经验及问题。

A（ACTION）：处理。对于成功的经验，要加以肯定，并制定成标准、程序、制度（失败的教训也可纳入相应的标准、程序、制度），从而巩固成绩，克服缺点。

这四个阶段又可分为八个步骤分别进行，如表 5-10 所示。

表 5-10　PDCA 的八个步骤

阶段	步骤	说明
P 阶段	分析现状，找出题目	需要的是对现状的把握和发现题目的意识、能力，发现题目是解决题目的第一步，是分析题目的条件
	分析产生题目的原因	找准题目后，分析产生题目的原因至关重要。运用头脑风暴法等多种集思广益的科学方法，把导致题目产生的所有原因统统找出来
	目标确认	区分主因和次因是最有效实现目标的关键
	拟订措施、制订计划	采用（5W1H）法，即：为什么制定该措施（Why）？达到什么目标（What）？在何处执行（Where）？由谁负责完成（Who）？什么时间完成（when）？如何完成（How）？措施和计划是执行力的基础，尽可能地使其具有可操作性
D 阶段	执行措施、执行计划	高效的执行力是组织完成目标的重要一环
C 阶段	检查验证、评估效果	"下属只做你检查的工作，不做你希望的工作。"IBM 的前 CEO 郭士纳的这句话将检查验证、评估效果的重要性一语道破
A 阶段	标准化，固定成绩	标准化是维持企业治理现状不下滑，积累、沉淀经验的最好方法，也是企业治理水平不断提升的基础。可以这样说，标准化是企业治理系统的动力，没有标准化，企业就不会进步，甚至下滑
	处理遗留题目	所有题目不可能在一个 PDCA 循环中全部解决，遗留的题目会自动转进下一个 PDCA 循环，如此周而复始，螺旋上升

PDCA 的起点是分析当前形势，收集数据，为改进制订计划。计划一经确定后，便开始着手实施。此后，还要检查实施过程，看是否实现了预期改进。当试验成功后，还要进行最后一步行动，将方法论标准化，以确保不断地实践新引进的方法，从而带来可持续的改进。

通过 PDCA 改善法，改善者会不断地遇到挑战，使改善达到新高度。

松下电器质量控制中心总监伊藤让在解释质量控制小组缘何能不断地取得越来越好的成绩时这样说道：

　　我曾参与过一项有趣的质量控制活动，有一个关于电视机厂焊接工人的故事。一般来说，我们的工人要在每个加工件上焊接 10 个点，每天焊接 400 件，这样，一天共焊接 4 000 个点。如果他一个月工作 20 天，那就是每月完成 80 000 个焊点。一台电视机大约有 1 000 个焊点。当然，今天的大多数焊接工作都是自动完成的。工人要维持非常低的残次率，每 500 000～1 000 000 个焊接点中发生的错误不多于 1 个。参观我们电视机厂的人们常常十分惊讶地发现工人在做这么单调的工作时，能够不犯任何错误。让我们想想人类所做的其他的枯燥事情吧，比如说走路。我们实际上一生都在走路，一遍遍重复相同的动作。这是极端单调的动作，但却有人（如奥运选手）专注于比其他人走得都快，这与我们在工厂实施改善具有相似之处。

　　有些工作可能非常单调，但如果我们能赋予工作一种使命感，朝着目标去做，就可以在一项单调的工作中保持兴趣。因此，有人如此评价 PDCA 改善法：它每一次树立的新标准，就是为了让更新更好的标准去挑战、改良和替代它。

　　在改善活动中，PDCA 改善法是人们发现问题、处理问题的一件有力武器。更让人欣喜的是，这种方法几乎适用于所有工作。

运用检查表，让改善活动习惯化

　　很多人只晓得按照"计划"的方案和所列示的方法进行改善，但却少有人会特意关注"检查"。殊不知，运用检查表进行检查，可以审视企业活动中的各种优势与不足，有利于下一步改善活动的展开，更有利于改善思维的形成。因此，人们普遍将检查表视为一种极为好用的改善工具。

以检查表为改善工具

为确认现场改善手法的正确性，日产汽车公司设计了详细的检查表。例如，当组员观察作业员的动作时，他们会使用"动作经济原则"的检查表，包含下列诸项，如表 5-11 所示。

表 5-11　关于作业员动作的检查表

检查项目	细分说明	判定结果
消除不需要的动作	（1）可否剔除寻找或选择某些东西的动作？	□是 □否
	（2）可否剔除需要作判断或特别注意的动作？	□是 □否
	（3）使用最好的姿势了吗？	□是 □否
	（4）可否剔除将工作从一双手转换到另一双手的动作？（例如：用右手拿起工件，而后转换到左手）	□是 □否
减少眼睛的动作	（1）可否用听觉来代替视觉的动作，以确认我们所需要的东西？	□是 □否
	（2）可否用灯号？	□是 □否
	（3）可否将所要的物件都放在相关作业员的视线范围内？	□是 □否
	（4）可否使用不同的颜色来标示？	□是 □否
	（5）可否使用透明的箱子或盒子？	□是 □否
合并作业	（1）可否在移动工作的过程中，同时完成作业动作？	□是 □否
	（2）可否在移动工作的过程中，同时也作检查？	□是 □否
改善工作场所	（1）缩短距离有优势吗？	□是 □否
	（2）可否将物料和工具安置在作业员正前方固定的位置上？	□是 □否
	（3）可否将物料和工具依作业的顺序摆放？	□是 □否
改善工具、夹具和机器	（1）可否使用较易取出零件的零件盒？	□是 □否
	（2）可否将两种工具结合成一种工具？	□是 □否
	（3）可否用按钮来替代操纵杆或手把，以便能用一个动作就能操作？	□是 □否
	（4）可否使用机械夹具？	□是 □否
	（5）可否使用摩擦装置或磁力装置？	□是 □否
	（6）工具能够预定位在摇臂上吗？	□是 □否

通过对每个项目的细化检查，改善者很容易找到更准确的改善点和更为详细可行的改善方法。

当然，检查表的作用不仅限于此。如果改善者能够长期坚持在改善后运用检查表，即便改善者最初并不非常接受改善，但最后也会促使改善活动逐步成为其习惯性行为，甚至树立卓越的改善精神，这是基于心理学的一种管理方法——习惯成自然。为此，改善者必须在改善活动中设置适宜的检查点。

应该检查什么？

企业改善后的可检查项目非常多，如表 5-12 所示。针对每一种项目都对应着不同的检查细项，改善者有必要针对性地做好检查工作，对改善水平给予客观的评价，如此方能确认改善成果，并为下一次改善打下基础。

表 5-12　改善检查清单

检查大项	检查细项	改善水平				
		水平 1	水平 2	水平 3	水平 4	水平 5
根基的改善	以高层为主导进行工厂现场巡视					
	整理、整顿、清扫、点检、整备					
	3 直 3 现（直接到现场、直接查现物、直接究现况）					
	目视管理					
	杜绝浪费					
作业的改善	小集团活动和提案活动推行					
	排除不合格和微缺陷					
	对于加工条件的改善					
	缩短安排作业的时间					
	对于工具的改善					
	对于设备的小改善					
	监视作业的废除					
	明确管理者的责任和作业人员的责任					
车间之间的协调	确立整合性的目标体系					
	关注改善意识					
	快速反应					
	共享信息					
	纵向的联合行动					
	生产与销售的协调					
	使顾客满意					

检查大项	检查细项	改善水平				
		水平 1	水平 2	水平 3	水平 4	水平 5
保障良好状况	全体人员的生产保障					
	节省资源的保障需要引进再生技术					
	专门保障的充实和加强					
	自主保障					
	加工条件的最优化					
	工具保障					
质量保证	追溯源头的质量检查					
	防止粗心和自动化					
	防止再发生					
	成本和质量保证					
	工序设计和制造技术					
	产品责任					
	跟踪能力的确保					
	规定和执行的一体化					
缩短交货期	作业指示的改善					
	生产计划的弹性化					
	工序管理					
	工厂透明化					
	批量适当化					
	多技能化					
	零滞留化					
	内外生产的同步化					
压缩库存	ABC 分类管理					
	订单发行规程化					
	外部生产准备的规范化					
	压缩材料库存量					
	压缩半成品库存量					
	压缩工序之间的滞留库存量					
	工厂内部物流状况的改善					

续表

检查 大项	检查细项	改善水平				
		水平 1	水平 2	水平 3	水平 4	水平 5
成本 减半	易于生产的设计					
	VA/VE（价值分析 / 价值工程）活动 的推进					
	成本数据库的制作					
	通用零部件的扩大					
	零部件数量的削减					
	削减工时					
	工序的重新安排					
	合作管理					

注：在改善水平对应的空格中打√。

表 5-12 仅为简表，在实际检查过程中，我们需要对每一种改善项目的改善评价标准再作细化说明，而非随意评定。以"排除不合格和微缺陷"为例，可将其改善水平分为 5 级，具体评价标准如下：

水平 1：对于不合格、微缺陷没有概念。经常发生不明原因的机械停滞，由于操作者稍加调整便可恢复正常，往往使操作者不甚在意，只顾继续作业。

水平 2：了解不合格、微缺陷的重要性，但在现场面对问题时却变得态度暧昧，不能及时采取适当的措施。

水平 3：对于因暂时停滞或不合格引起的作业损耗，每次都能进行应急性处理，但却并未追究损耗发生的根本原因，也不曾为防止再次损耗而采取有效行动。此外，知识技能仅为个别员工所掌握，没有得到共享。

水平 4：建立了改善委员会，作业人员对于不合格、微缺陷带给生产效率的影响具有充分的理解，并能在改善提案活动中进行检讨，使得停滞状况剧减。此外，还为处理这些问题而开发了诸多工具和技术，并在车间里实现了技能共享。

水平 5：每次都将处理不合格、微缺陷而采取的成功方法加入作业标准书中，每次都进行修订、改版和继承，并在所有车间里横向推广使用。此外，这些方法还被作为重要知识技能资料，在设计新产品或工序时加以利用。

通过对水平级别的判定，改善者将对当前的改善情况极为清楚，其改善意识也将逐渐增强，改善最终将成为人们工作中长久坚持的一种习惯。

先改善，再标准化，最后精益化

行文至此，相信一些读者可能已然发现：在本章中，我们表面上看来旨在介绍各种改善方法和技术，而在各方法之间实际上却隐藏着一条脉络，或者说是一种改善方法——"先改善，再标准化，最后精益化"，这才是创造并维持改善成果的最佳方法。

改善必须得到落实

前文中我们介绍了很多改善方法，实践证明，这些方法都是极有成效的。然而，任何停留在纸面上的技术，所论述的都是属于别人的成功；真正属于自己的成功改善，仍然需要由改善者亲自来实践。

小建议：

1.建立改善推行方案，确保改善活动推行得有条不紊。

2.考虑到改善活动中的意外，做好预警工作。

3.严格监察改善的推行效果，以最短的时间控制改善异常。

4.制定改善奖惩机制，鼓励人们参与到改善活动中来，惩处改善不力之处，以促使改善取得预期成果。

作为改善者，我们不仅要有可用的、最高效的改善方法，还需要让改善得到彻底落实，真正得到人们的努力推行。

为何改善后还要推行标准化

仅仅让改善行为得到落实，这距离改善目标的实现仍然有一段不短的距离。因为，任何改善如果不加巩固，那么它会很快归至原点。为避免出现这类问题，有人提出实施标准化，针对改善方案和效果建立一种日常工作的结构化体系，以帮助改善者从"仅仅关注结果"转化为"既关注流程，又关注结果"。如此维持住改善的稳定性，才是改善活动得以成功实施的关键。

有这样一位管理者，他的工作是负责管理一个有30人作业的子装配和总装配生产操作区域。一天，他发现自己所管理的区域内，外购的部件和自制的部件均短缺，而有些自制部件因不符合规格而无法使用。整个区域的运作远远落后于生产计划，小组长将自己所有的时间都用来催要各种短缺部件。

随后，这位管理者与小组长一起加快装配速度、催促供应商，并且找到内部供应商，解决了部件不符合规格的问题。但是，到了第三天，这些改善便成效微弱了——该区域的作业又开始落后于生产计划。

此时，该企业的价值流经理提出了一个建议：采用标准化作业。从第二天清晨开始，管理者和这个区域的员工们立足于自身的流程，当材料短缺造成生产中断时，他们就指挥团队从事其他任务，同时记录造成此次中断的原因，并作出反馈。而其他部门则在一天之内将短缺部件一一补给，部件超差问题也得到了解决。最终，该操作区按期完成了生产计划。

仔细思考便会发现，这一结果的实现完全要归功于改善后的标准化管理。因为，标准化作业中明确了解决问题的方法和要求，改善者非常清晰地知道自己应该做什么，不应该做什么，使得解决同类问题是轻而易举的事情，改善结果也会非常稳定。

不过，虽然标准化管理是十分必要的，但是，让改善者完成这种思想转变却并不容易。而管理者对改善思想不够理解和支持，也会导致企业改善难以为继，工作品质发生波动，最终严重削弱改善的有效性，甚至由内而外地衍生出管理风险。因此，培养人们的精益化精神显得尤为必要。

改善的未来在于精益化

我们知道，近年来很多企业都在追求改善，期望以此提升企业运作水平。然而，很多较早推行改善活动的企业，却遇到了改善效果不持久的问题。其实，企业要想获得真正的成功，并非简单地应用改善技术或方法这么简单，关键还在于企业是否存在精益的基因，是否能够以一种精益化态度来助推企业的持续改善。

很多时候，当我们的改善取得一定成效后，便容易产生这样的想法："改善后的效果确实比原来的效果好得多，这应该已经是最好的方法了吧。"于是，这样的误解最终使我们的"标准化"沦为"僵化"。因为，即使这个方法目前算是最好的方法，但并不代表它一直就是最好的方法。

青岛澳柯玛冰柜有句家喻户晓的广告词："没有最好，只有更好。"这句话同样可以诠释改善的周期——无限期。换言之，改善活动绝非一蹴而就，它永远存在进一步提升的空间，这就是精益化。而企业上下惟有具备精益化的改善态度，所有改善之法才会有存在的价值和应用的空间，改善水平才会逐步提高，改善效果才会持久。

第 6 章
改善要现场问题现场解决

很多优秀企业取得成功的管理哲学就是实施现场改善——当发生问题的时候,亲临现场,认真探究,了解实际情况,并提出和落实符合实际的解决办法和措施。

别让流水线隐藏了问题

任何一个现场、任何一条流水线，都存在问题。问题无处不在，这并不是什么可怕的事情。正是因为问题的存在，才赋予人们无限的改善空间。不过问题有时也是可怕的，就是在它们被隐藏起来的时候。

流水线上潜藏的问题

现场中的每个小问题都不是孤立存在的，它们总是与更大的局势相联系，预示着系统的其他部分有可能出现问题。一个小问题可能是一个大问题的征兆，一个小问题也可能使人们犯下系统性的错误，导致失败的因果链长期而广泛地根植于现场管理系统之中。在《哈佛商业评论》的一次采访中，时任丰田首席执行官的渡边捷昭谈及丰田公司对待这类问题的态度时，言谈之间意味深长：

> 我意识到我们可能将系统延伸得过长。我们必须使流水线上的问题更加明显化，如果问题始终被隐藏，它们最终将成为现场管理中的严重威胁。如果每个人都能看出问题所在，那么我就不会感到恐惧，自然也会恢复信心了。因为一旦问题明显化，即使我们没有事先提醒人们如何去解决这些问题，他们也会绞尽脑汁地寻找良好的解决对策。

事实上，正如渡边捷昭所言，企业管理中最大的威胁并不在于存在问题，而在于问题被隐藏起来。一旦问题被隐藏起来，那么问题便始终得不到改善。而解决问题的时间越滞后，那么流水线上发生的批量性问题便会越来越严重。

流水线上的问题改善

事实上，作为精益生产之鼻祖，丰田早期的做法是非常值得称道的。他们赋予每位一线工人发现问题就"拉下安灯线"的权力，从而提醒管理者和流水线员工当前产品存在着缺陷。如果不能及时解决这些问题，丰田会停止整个装配生产线的生产。

而三菱汽车澳大利亚公司的成功也是得益于此。1983 年，在剑桥集团举办的关于看板制度、质量控制与质量管理的研讨会上，三菱汽车澳大利亚公司总监格瑞姆·斯伯灵如此评论道：

三菱自 1980 年开始接管了澳大利亚克莱斯勒公司。在 1977 年和 1978 年，澳大利亚克莱斯勒的亏损接近 5000 万美元。而现在，一个众所周知的事实是，三菱汽车澳大利亚公司的运营状态是盈利的，而且运作效率非常之高。我们认为，公司已经拥有澳大利亚汽车行业最高水平的生产效率，我们完全有能力生产出质量最佳的产品。

同时，我也必须公正地说，在三菱接手之前，公司也尝试进行了一些改善活动，并取得了一定的成绩。但我们公司之所以能够持续繁荣，在很大程度上要归功于从日本公司那里学到的经验和教训。

而三菱之所以能取得成就，是由于公司以最小的投入引入了一系列改进项目，如减少库存、改变工厂布局等。例如，以往设计工厂布局时，主要考虑如何去适应整幢大楼，但三菱却大胆地反其道而行之，让大楼在设计之初来匹配最优化的工厂布局。结果，流水线上的库存减少了 80%，个人的绩效提高了 30%。

可见，发现流水线上的问题对企业现场改善与管理是一件至关重要的事情。不管多小的问题，企业都应将其视为整体系统的缩影，要以明示的状态予以展现，就像我们在第一章中所论述的那样——要让问题看得见，然后再彻底地予以解决。

从现在开始，重视现场

丰田曾提出了一个词汇——"现场"，按照意译，它是指亲自到现场了解实际情况。我们知道，任何制造现场中的问题都不会自动地展现出来。所以，如果人们要想发现流水线上的问题，那么第一步工作就是了解情况。而要想全面了解实际情况，就必须重视现场。

不要纸上谈兵

大野耐一曾说过："我是彻底的现场主义者。因为我从年轻时起，就是在生产现场中不断磨练成长的。后来我作为副社长，负责企业经营管理，就更不能离开生产第一现场了，因为现场是企业的主要情报来源。"他还说过："与其每天坐在副社长办公室里冥思苦想，还不如到生产现场的各个角落去转转，直接获得第一手的生产信息，感受最直接的刺激。如果一直身处现场中，就能从那里获得满足。现场主义正符合我的个性。"

事实证明，现场主义不仅符合大野耐一的个性，也符合丰田公司的个性，更符合整个日本制造业甚至是全世界制造业的个性。

这是因为，在现场中存在着最原始的资料和最真切的声音。这些来自最前线的信息会给管理者带来最倾向于正确的问题评估与判断，从而做出最为可行的改善决策。

简言之，现场主义就是"行胜于言"，就是到鲜活的现场，就是肯俯下身去观察、触摸；而不是坐在一个人的办公室里空想，召开一些不着边际的会议，一个个地找员工沟通……如此远离现场，纸上谈兵，是极度不利于现场管理的。

保罗·肯尼迪在其著名的《大国的兴衰》一书中，曾有一句掷地有声的话："现场主义是伟大的指导者。"中国农民也曾经毫不客气地用一句极为形象的话，来批评那些不坚持现场主义的人："四体不勤，五谷不分。"由此足见，人们对现场管理实践重要性的深刻认知。

现场问题管理的难点

长期以来，日本企业都在身体力行着始于丰田、始于大野耐一的"现场主义"。很多中国企业对丰田现场主义也是始终怀有好感，但却始终不曾把握住现场主义实施之精髓。

为了寻找问题，一些管理者可能会下达指令，要求所有员工每天去现场了解情况——这件事是很容易做到的。但是，如果人们欠缺分析与了解情况的技巧，那么这种实务工作往往不会产生实际效果。

实际上，所谓"现场现物"，它需要员工和管理者都能深入了解操作过程、标准化工作等，同时有能力对现场实际情况进行仔细的评估与客观的分析。而人们也必须知道如何针对自己所发现的问题，找出其发生的根本原因。对此，丰田技术中心总裁山品匡史解释说：

并不是亲自到现场查看，而是要问：发生了什么？你看到了什么？情况如何？问题何在？在北美地区的丰田企业里，我们仍然只是做到亲自到现场查看而已。但问题是，你进行了真正深入的分析吗？你真的了解情况与问题吗？最根本的是我们必须根据实际信息来做决策。统计数字只能说明事实，我们需要知道更多。有时候我们被指责花了太多时间在所有分析工作上，有人会说，"凭常识就可以判断，我知道问题出在哪里"。但是，只有收集资料和深入分析才能告诉你，你的常识到底是否正确。

山品匡史的话告诉我们，要使生产异常现形于表面，就必须亲临实地来验证现场问题；然后，再根据证实、证明过的信息与数据，结合各种技术的应用，来思考与分析问题的根源，由此提出的解决对策才是最有针对性、最有效的。

改善者必须谨记：企业管理的价值从何而来？从解决问题中来。在哪里解决问题？答案永远是现场！可以说，重视现场，这是改善活动成功推行的关键所在。

改善任何不产生价值的行为

在现场中，一切不产生价值的行为都被称为"Muda"，即浪费。而在竞争激烈的生产环境中，我们必须比他人获得更多的效益，才能够顺利地生存下去，才能去寻求发展机遇。因此，我们不能在现场中制造丝毫的浪费，必须全力改善任何不产生价值的行为。

界定不产生价值的行为

大野耐一提出了七种浪费，分别是：过量生产的浪费、库存的浪费、质量缺陷的浪费、动作的浪费、加工的浪费、等待的浪费、运输的浪费。这些动作都不会产生附加价值。具体说明如表6-1所示。

表6-1　大野耐一提出的七种浪费

序号	浪费类型	类型说明
1	过量生产的浪费	过量生产是最严重的浪费行为。它会给人安心的错觉，隐藏各种问题，隐藏现场中可供改善的线索
2	库存的浪费	库存不仅占用了空间，还需要额外的机器及设施、人员来操作及管理，但是却使人们意识不到问题的严重性，从而丧失了改善的机会
3	质量缺陷的浪费	任何不良品的产生，既干扰了生产活动，又会造成材料、机器、人工等的浪费；及早发现不良品，确定不良来源，才能减少不良品的产生
4	动作的浪费	人的任何动作如果没有直接产生附加价值，就是没有生产力。如果提起或持有一个重物，需要操作者特别用力，那么这个动作就需要改善
5	加工的浪费	有时，不当的设计也会衍生加工的浪费。机器加工过程过长或过分加工、去毛边的动作，都是加工浪费的例子，这都是可以避免的
6	等待的浪费	生产线不平衡、缺料、机器故障，使得操作员停止生产，或者机器在进行附加价值的加工，而操作员在旁边监视，这都属于等待的浪费
7	运输的浪费	现场离不开运输，但是运输物料并不能产生附加价值；在运输过程中，经常会造成物料损伤，这就是更大的浪费了

这七种浪费被人们称为工业生产现场中最为常见的浪费现象。不过，企业对于浪费种类的界定，还可以在此基础上无限地补充。比如，在佳能

公司，他们是这样划分浪费类别的，如表 6-2 所示。

表 6-2　佳能公司的浪费分类表

浪费类别	浪费性质	如何消除浪费
半成品	需求不多而不紧张的库存品	流水线化库存
不合格品	生产质量不合格的产品	降低不合格品
设置	闲置机器，设备故障，换模时间过长	提高设备利用率
费用	对所需产能做过度投资	削减费用
间接员工	因不合格的间接员工管理体系而导致人员过多	有效地安排工作
设计	生产超过需求功能的产品	降低成本
才能	安排员工从事可以被机械化的工作或将高技能员工派至低级技术岗位上	建立劳力节约及最佳化的衡量体系
动作	不依照标准化作业方式来工作	改进工作标准
新产品上市	新产品生产的稳定化进程过慢	更快地转变为全能生产

而日本山叶发动机公司的董事杉山友男则提出了现场的"无化过程"，并且列出了一张"无化过程项目表"作为应当消除的重点事项，如表 6-3 所示。

表 6-3　无化过程项目表

人员	机器	材料	方法	质量
无注视化	无空气化	无螺丝化	无库存化	无不合格品化
无行走化	无切削空气化	无毛边化	无瓶颈化	无没有标准化
无寻找化	无冲压空气化	无等待化	——	无失误化
无障碍化	无输送带化	无停止化	——	——

杉山友男创立的这项"无化过程"改善活动，很容易被人们所接受。以"无空气化"为例，为包装摩托车的消音器及排气管，所需空气应达到所有空气使用量的 93%。杉山友男以改善消除这项浪费为目标，获得了很好的节约效果。此后，无空气化工程的建设也更有效地被应用于仓库空间。

总而言之，任何企业中都必然存在着一些不产生价值的行为，企业管理者完全可以根据企业的特点和自己的方式来界定各种浪费行为和现象。而对于各种不产生价值的浪费，企业必须全力予以消除。

采取有效的改善措施

每一种行为的改善都对应着一种或多种有效的对策。现场改善的关键在于，如何针对每一种无价值行为的特点，来制定多种可供选择的对策方案，并从中选择最为见效的改善措施。改善无价值行为的流程如下：

（1）观察现场，从现场中发现问题——一切不产生价值的行为。

（2）一旦发现问题，立即前去处理——处理问题的速度要快捷。

（3）深入探究问题发生的根源所在——必须找到导致问题发生的最深层原因。

（4）制定改善对策，同时为改善结果设计衡量标准——可衡量的改善结果标准，才会便于人们的执行与落实。

（5）关注对策的执行与操作，让每个员工都掌握执行方法和标准——改善是全员的事情，唯有全员有能力落实，才能确保改善对策按照预期实现。

（6）现场改善不是"一把火"行动，必须做好维持工作，并确保现场改善的持续性——唯有持续改善，才能确保现场中的增值行为越来越多，无价值行为越来越少。

可以说，从发现问题的苗头开始，到探究对策，再到彻底消除问题的这个过程，改善者必须依序进行，执行到位，如此方能使现场问题切实得到解决。为此，我们将在下面几节中针对每个环节分别介绍一种操作技术和工具，以帮助改善者真正掌握现场改善的方法和技巧。

用大野耐一圈观察作业现场

日本企业内部大多流行"三现主义"，即亲自到现场、亲自接触实物、亲自了解现实情况。某公司曾有这样的指导思想："管理者应一天洗两次手"，意思是"管理者不应只坐守办公桌前，而要每天去现场查看两次"。由于在现场中必然会触及实物，把手弄脏，所以"需要洗手"。

另外，对公司而言，现场是非常重要的实现价值的场所，因此人们常说："高高在上三个月也未弄懂的问题，深入基层三天便能马上明白。"这也是在告诉我们：应透过现场来看公司管理。

为了确保人们有效地观察作业现场，大野耐一创立了一种非常有效的观察方法，世人称之为"大野耐一圈"。在丰田公司，有许多关于"大野耐一圈"的故事，很多人都在大野耐一的指导下亲身体验过、成功践行了并在持续应用着这种方法。北美地区丰田汽车制造公司前总裁箕浦照幸，曾直接向大野耐一学习丰田生产方式。而他在丰田公司最早接受的教育之一就是站在一个圆圈里。箕浦照幸曾对人说起大野耐一的教导：

大野耐一先生要我们在工厂的地板上画一个圆圈，他告诉我们："站在那个圆圈里，观看操作流程并自行思考。"他甚至没有提示我们观看什么，这正是丰田生产方式的精髓。

大野耐一先生早上进来，要求我站在那个圆圈里，直到晚餐时间。其间，他曾进来一次，问我在观看什么。当然，我回答了，我说："流程中有太多问题……"但是，他并没有听我的回答，他只是在观看。

等接近晚餐时间时，他又进来看我，但并没有花任何时间给我反馈意见，只是温和地说："回家吧。"

这种训练会发生在美国的工厂里，是一件令人难以想象的事情。因为我们最常见到的是，如果让年轻的工程师在地上画个圆圈站上 30 分钟，都会使他们暴跳如雷，更别提站上一整天了。

但是，箕浦照幸深知，这是一门重要的课程，也自认能被这位丰田生产方式大师如此教导是他的无上荣耀。那么，到底大野耐一教导了他什么呢？他在教导箕浦照幸自主思考自己所观察到的事物，修炼深入观察、提出质疑、作出分析与评估的能力。

大野耐一圈的原理

大野耐一曾说："在制造业，数据当然重要，但是，我认为最重要的是事实。"在大野耐一看来，数据只是事实的"指针"而已，你真正该做的是到现场去寻找事实材料。有人评价大野耐一的这种方法"如同法医在调查某犯罪现场"，这也丝毫不为过。

在现场调查过程中，身处圆圈中的人应专注地观察现场，并了解以下问题：

（1）我们有标准吗？
（2）现场的环境维持做得如何？
（3）工人们是否遵循标准工作程序？
（4）是否遵循平稳的流程和准时生产？
（5）零件是否在尚未需要之前就已经送到？
（6）现场里还存在多少浪费？

身处圆圈中的观察者，必须亲自观察材料送至生产线的流程，才能获得这些问题的答案。他必须亲自查看联机操作员是否使用安灯请求支持，并在必要时暂停生产线；以及小组领导者和团队领导者有何反应等。

工作 / 工作地分析的自我练习

为了获得最为真实的观察结果，观察者应做好对工作或工作地的分析，准确识别特定的区域、部门或现场存在的问题。通常情况下，人们可以借助一些指南性表格来进行。表 6-4 是某电视机厂加热支脚工作的工作地分析指南。

表 6-4 工作／工作地分析指南

地点：×× 车间	时间：×× 年 ×× 月 ×× 日	分析人：×××
描述：加热断头，将棒插入漏斗中		

<table>
<tr><td colspan="2" align="center">个人因素</td></tr>
<tr><td colspan="2">姓名：×× 年龄：35 岁 性别：男 身高：171CM 体重：63KG
积极性：低 工作满意度：低
文化程度：高中 适合程度：中
个人安全措施：护镜、耳塞</td></tr>
</table>

任务因素	依据
零件是如何进出的？ 从传送带到插入机，到热封，到传送带	流程程序图
涉及哪些动作？ 重复的抓、举起、走动	录像分析、动作经济学原则
是否设有夹具？是否实施了自动化？ 固定漏斗；基本过程是自动化，而手工操作不是自动化的	——
是否借助了其他工具？ 无	工具检验检查表
现场布局是否合理？是否出现大范围的存取行为？ 否；是，有多余的走动和伸缩	工作站评价表
手指或手腕是否有一些笨拙动作？出现的频率如何？ 否	风险指数表
是否有提举动作？ 是，需要举起很重的玻璃漏斗	NIOSH（职业安全卫生）提举分析
操作者是否会出现身体疲劳？ 是	心率分析、工作—休息宽放
是否要操作者自主作出决策？ 很少	——
每个周期多长？标准时间是多少？ 约 1.5 分钟，此为标准时间	时间研究，MTM（方法时间检查）检查表
<center>工作环境因素</center>	<center>工作环境检查表</center>
车间照明情况如何？ 充足而不耀眼	IESNA（北美照明工程协会）推荐亮度值

续表

噪声水平是否可以接受？ 否，需要使用耳塞	OSHA（职业安全与健康标准）水平
是否位于高温环境下作业？ 是	WBGT（综合温度热指数）法
是否处于震动状态？ 无	ISO（国际标准化组织）标准
管理因素	备注： 用眼定位，传送带和机器要更近些，很热！
是否设计了薪酬奖励制度？ 无	
是否有工作轮换制度？是否有工作规模大型化？ 是，否	
是否为操作者提供培训？ 是	

需要注意的是，在收集定量数据时，观察者必须亲临现场，观察员工、任务、工作场所及周围环境，并鉴别可能影响员工行为或绩效的管理因素。

表 6-4 中主要关注的是重物提升、热应力和曝噪等因素。为避免遗漏，观察者需要事先列明自己每次所需查看的事项。如果在观察后发现问题，那么我们即可进入现场问题管理的下一环节了——立即停线检查。

出现问题，请立即停线检查

在现场改善过程中，不少人习惯于在发现问题后，将问题的处理推到下一个环节、再下一个环节，这便导致问题不断被累积，最后造成极多的返工浪费。于是，大野耐一提出了"出现问题，立即停线检查"，以期最迅速地止损，控制一切潜在浪费。

立即停下，就是对浪费喊停

戴维·梅尔（丰田生产方式的训练师与推广者）在美国前三大汽车制

造公司的一座组装厂提供顾问咨询服务时，曾遇到这样一件事。据他描述：

当时，我在观察最后一条汽车组装线——有时被称为"金钱线"——我注意到驾驶副座下的地毯有一条裂缝。当时我正好站在一位督导员旁边，我的第一个反应是找方法暂停生产线。当然，那里并不像丰田工厂里一样，有一条可以拉动以发出信号的"绳索"。因此，我向那位督导员指出有这条裂缝，并等候回应。他查看了一下，确定地毯的确裂开了，但却没有作出任何反应！我既着急又困惑，问他我们应该怎么做，他回答说，这个问题会在修理区得到解决。我问他，我们是否应该寻找问题的根源，以防再发生同样的问题。他耸耸肩，答道："他们可能已经知道了。"这是我第一次遇到这种情况，我不知该如何作出响应，但我内心焦虑极了。

实际上，对于这个潜在问题，如果任其发展下去，后果是非常严重的。如果在这个作业步骤完成了所有的内部装潢工作，到了修理区又得重新来过，包括拆除座椅以及许多内部装潢，那么，这种大修除了浪费成本外，还会造成产品质量比原始作业完成的产品的质量差得远。因为，返工和重新组装后的内部装潢与座椅，日后必会发出"嘎吱嘎吱"的松动声响，而消费者对这些问题是非常厌恶的。

所以，他们应暂停生产线，走到生产线终端，去确定是否有人发现了问题，并进行了修理，找到问题的根源，以防止再发生相同的问题；而不是让这辆汽车带着问题隐患走完流程，被运出厂外，并且还允许同一问题在下一辆车那里出现。

建立一种"暂停"文化

对于任何寄希望解决一切现场问题的企业而言，必须对上述类型的企业文化作出改变。若想顺利地落实改善策略，那么就必须建立一种"暂停作业以解决问题"的文化。

当然，暂停整条生产线的压力使人们产生急迫感，所有人都必须共同致力于永久性地解决问题，否则，暂停生产线就会造成多余的浪费。

所以，一些企业（如丰田公司）便制定了一个延伸性的支持制度，为人们暂停生产线、解决问题而提供所需的各种工具和资源。于是，人们都知道当发生问题时，他们可以获得各种支持资源，而完全不必惧怕被惩罚，因而他们对解决问题也产生了共同合作的态度。

图 6-1 展现了丰田公司消除浪费的核心理念。

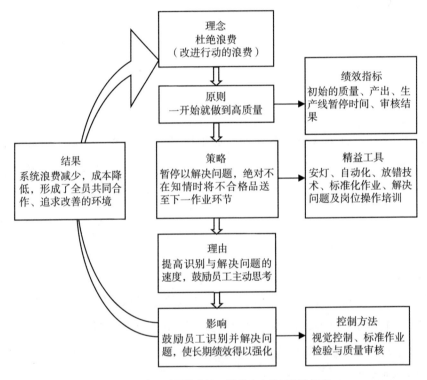

图 6-1　丰田公司的方法：暂停生产线以解决问题

由丰田公司当前的财务绩效和质量水平而见，"暂停生产线以解决问题"的管理模式显然是卓有成效的。但是，并不是所有企业都能将这一模式贯彻到底，在许多组织中，人们面对的是新的浪费——停线系统失灵问题，比如安灯系统成为摆设。

真正有效的安灯系统

为了建立一种有益于解决问题的文化，很多企业建立了安灯系统——在机器上架设了灯泡。通常情况下，在一部机器上安装了 3 ~ 4 种灯泡视为安灯。这种方法常常会出现几个问题：

（1）作业人员大多不理睬这些灯泡。在整个工作区中，常常有许多不同颜色的灯泡亮起，作业人员却没有作出具体反应。太多的灯泡使作业人员失去敏感度，变得"麻木不仁"。

（2）至于各种颜色的灯泡分别代表什么意义，作业人员的回答也不尽相同，这说明许多作业人员根本不了解各种灯泡所代表的实际含义。

（3）灯泡亮起时，并不会发出声响，这使人们常常忽略灯泡的警示作用，自顾自地工作，既没有人注意问题已经发生，也没有人产生暂停生产线的想法。

而这些问题的出现，造成安灯系统这种精益工具无法得到真正有效的使用。纵然安设了电灯，却始终未能切实发挥预期的功能。

彻底解决问题才是最有效的"暂停"

在发生问题、发现问题时，应立即暂停作业，先解决问题，避免它再发生，使长期情况有所改善；而不是把问题推至下游，待晚些时间再去解决。从表面上看，这个观念似乎很符合逻辑和常理。

但在实际情况下，当人们面对必须"实现绩效数字"的要求时，他们关注的是短期成果——每天不惜任何代价地实现产出目标。若生产线大量暂停，出现过多中断现象，将严重影响产出和获利能力，其后果往往不堪设想。

因此，若坚守暂停生产线以解决问题的理念，必须致力于彻底根除问题，否则将持续不断地面临糟糕的后果。

寻根究底，问 5 次"为什么"

大野耐一总是习惯于在车间走来走去，停下来向工人发问。他反复地就一个问题问"为什么"，直到回答令他满意，找到问题的真正源头为止。在丰田公司内部，有这样一个关于使用 5WHY 分析法解决问题的例子，如表 6-5 所示。

表 6-5　用 5WHY 分析法探查原因

问题层次	原因分析	不同层次的解决对策
——	工厂地板上有漏油	清除地板上的漏油
为什么？	因为机器漏油	修理机器
为什么？	因为机器的衬垫磨损	更换机器衬垫
为什么？	因为机器衬垫质量不佳	更换衬垫规格
为什么？	因为衬垫价格比较便宜	改变采购政策
为什么？	因为企业以节省短期成本作为采购部的绩效评估标准	改变企业对采购部的绩效评估与考核奖励制度

从表 6-5 中，我们会发现，需要解决的核心问题是现场出现漏油，而每一个"为什么"引导我们深入思考产生问题的根源。而每个为什么对应的解决对策完全不同，这完全是视挖掘的深入程度而定的。例如，清除漏油只是在出现更多漏油之前的临时性解决措施；修理机器是一种稍显长远的解决措施，但是，机器的衬垫会再度发生磨损，导致更多的油出现渗漏；如果更换衬垫的规格，则可以解决衬垫的问题，不过，仍然有更为深层的原因尚未排除。采购部之所以以低价采购质量较差的零件是由于企业的绩效评估制度。因此，唯有改变这种绩效评估与考核奖励制度，才能有效防止更多类似问题的发生。

大野耐一的这种方法逐渐成了丰田人的工作习惯，并成为一种著名的现场诊断技术，即"5WHY 分析法"。

5WHY 分析模型

人们根据 5WHY 方法的操作过程和原理，绘制了一种形象的模型，如图 6-2 所示。

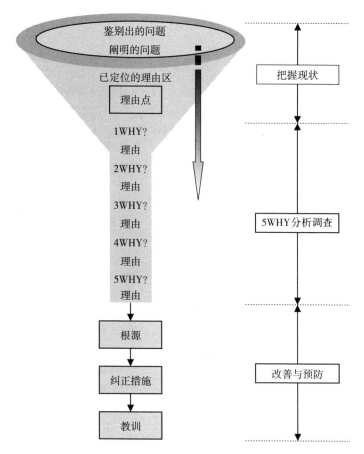

图 6-2 5WHY 分析模型

从图 6-2 中可见，5WHY 分析法的操作可以分为三个部分、八个步骤。表 6-6 中展示了每个步骤中所对应的不同分析任务和在执行过程中用以自问的一些问题，以助于人们更方便地应用 5WHY 分析法，获得更真实准确的结果。

表6-6　5WHY分析过程表

部分	步骤	说明	问题
第一部分：把握现状	步骤1：识别问题	开始了解一个较大、模糊或复杂的问题	问： ·我现在知道什么？
	步骤2：澄清问题	弄清当前的实际状况	问： ·原本应该发生什么事情？ ·实际发生了什么事情？
	步骤3：分解问题	如果必要，可将问题分解为独立元素	问： ·关于这个问题我还知道什么？ ·还有其他小问题存在吗？
	步骤4：查找原因要点	焦点集中在查找问题实际原因的要点上，需要追溯来了解第一手的原因要点	问： ·我需要去何处调查取证？ ·我需要关注哪些问题？ ·谁可能掌握着有关信息？
	步骤5：把握问题的倾向	要把握问题未来发展的倾向性	问： ·谁来主导？哪个方向？什么时间？ ·会发生多少频次？影响力大小？
第二部分：5WHY分析调查	步骤6：识别并确认异常现象的直接原因	依据事实确认直接原因。如原因可见，应加以验证；如原因不可见，则考虑潜在原因并核实	问： ·这个问题为什么发生？ ·我能看见问题的直接原因吗？ ·如果不能，我怀疑什么是潜在原因呢？ ·我怎么核实最可能的潜在原因呢？ ·我怎么确认直接原因？
	步骤7：使用5WHY	使用5WHY调查方法，来建立一个通向根本原因的原因/效果关系链	问： ·处理直接原因会防止再发生吗？ ·如果不能，能发现下一级原因吗？ ·怎样才能核实和确认下一级原因？ ·处理这一级原因会防止再发生吗？ 如果不能，则继续问"为什么"，直至找到根本原因
第三部分：改善与预防	步骤8：采取明确的措施来处理问题	使用临时措施去处理异常现象，直到根本问题能够被解决	问： ·临时措施会遏止问题，直到永久解决措施被实施吗？
		实施纠正措施来处理根本问题以防止再发生	问： ·纠正措施会防止问题发生吗？
		跟踪并核实结果	问： ·解决方案有效吗？ ·我如何确认？

在解决问题的过程中，我们可以将表 6-6 中右侧问题制作成一个问题清单。遵照这些问题来操作，以防遗漏，从而更深入地探知问题根源所在。

美国人杰弗里·莱克曾在访问丰田技术中心前副总裁冈本雄一时，请教丰田公司产品发展制度的成功秘诀。冈本雄一回答："我们的技巧就是严格执行 5WHY 分析法，就是问 5 次为什么。"

这个回答相信很多人听后都会感到非常惊讶，然而却是一个不容置疑的事实——正是基于对 5WHY 分析法的理解，对问题的深入探究和思考，使得丰田能够达到行业领先的高品质水平。

5WHY 示例

先来说一下案例发生的背景：

一位顾客要求 Q 公司在原始零部件 W1 作出工程上的完善，成为零部件 W2。随后，公司开始为顾客运送零部件 W2。然而，该顾客却在装配时发现存在质量问题，W2 的物理特性在顾客的组装厂里失效。

Q 公司检查后认为，根源在于供应商的材料和生产熔炉之间相互作用造成了缺陷。此时，若改变材料，那么公司将付出一笔不小的费用。于是，Q 公司决定通过加速熔炉的生产进度，来解决这个问题。但是，顾客对这个解释和处理结果并不满意。

现在，Q 公司开始进行 5WHY 分析，重新探查 W2 失效的根源。

我们来看第一次 5WHY 分析，如图 6-3 所示。

这次分析得出的结果是熔炉的预防性保护不足，但是，顾客对这个结果并不满意。他们提出了质疑：为什么问题永远不会发生在零部件 W1 上。

Q 公司再次进行 5WHY 分析，得出测量特点在物理和技术上受到限

制。但是，顾客仍然不满意。顾客想要知道为什么问题没有早一点被发现，为什么系统不能预防问题的发生。

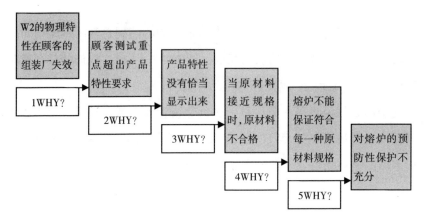

图 6-3　第一次 5WHY 分析

于是，Q 公司又进行了一次 5WHY 分析，如图 6-4 所示。

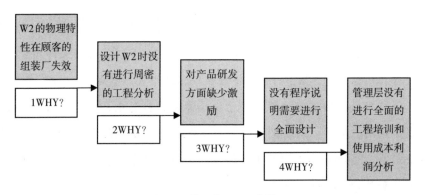

图 6-4　第三次 5WHY 分析

对于这次分析结果，顾客非常满意，Q 公司自此开始正式改善 W2问题。

从这个分析过程中，我们除了看到 5WHY 分析法的一般过程外，还会发现，并不是通过一次 5WHY 分析即可确保一举解决问题，对分析结果准确性的判断也至关重要。如果认为分析结果不正确，那么改善者有必要进行新一轮的 5WHY 分析。

制定对策，将结果标准化

在现场管理中，经常有一些人对问题抱有侥幸心理，寄希望于自己会在某个时候会避开或掩盖了问题。但残酷的事实告诉我们，该发生的问题终究会发生。试想，一位操作人员每天进行同样的任务，同类问题出现过很多次，如果只是告诉他问题的根源在哪里，然后任其自由发挥来纠正问题，那么最终很难保证问题切实得到纠正，更不能提前预防下一个错误或问题的发生。

因此，我们一直强调要根据问题根源来有的放矢地制定对策，目的就在于防止问题再发生，从而才能取得标准化的改善结果。

一种有助于结果标准化的对策

要想让改善对策有助于结果标准化，那么就必须在改善对策中明确具体的改善方法和对改善行为的评估标准。通常情况下，改善对策的制定必须要满足以下六点要求：

（1）指向目标。标准必须是针对目标的，与目标无关的词语、内容都不应该出现在改善对策中。

（2）显示原因和结果。比如，"焊接厚度为 3 微米"，这是一个标准化结果，而要想实现这个结果，那么还应该有一个标准化的执行过程。此时对策中可以做如此描述："焊接工用 3.0A 电流作业 20 分钟，来获得 3.0 微米的厚度。"

（3）具体而不可抽象。例如，"紧固螺丝时一定要仔细"。什么是要仔细？这类表达模糊的词语同样不宜出现在改善对策中。

（4）数量化。在改善对策中应该多使用图和数字。例如，对脱水材料的选用可以这样描述："使用离心机 X 以 100+/-50rpm（每分钟转数）转动 5 ～ 6 分钟的脱水材料"，如此每个读标准的人就能以相同的方式解释标准，从而避免发生选择性错误。

（5）可操作性。改善方案必须明确详细，改善者可以据之逐步实施；而且改善者应有能力胜任改善方案中列明的要求。

总之，改善者要制订具体的标准化管理方案——在操作要点、步骤、方法、规范等方面提出改善要求，根据改善目标做出全面细致的描述，使员工知道做什么、怎么做、要达到什么标准，从而有效解决现场问题，对工作负责，对自己负责。

巧用防呆技术

防呆技术是标准化的最高表现形式。所谓"防呆"，即防止呆笨的人做错事。当技术部门根据掌握的数据与出错的原因，对作业错误彻底检讨后，即可应用防呆技术，制订标准化的改善方案，从而使日后发生错误的概率减至最低的程度。

防呆技术的应用原理如表 6-7 所示。

表 6-7   防呆技术的应用原理

原理	内容	举例
相符原理	检核是否相符，防止错误的发生。依"形状"的不同来达成	个人计算机与监视器的连接线用不同的形状，使其能正确连接起来；以"数量"方式检核
顺序原理	以"编号"方式完成	流程单上记载工作顺序，依数字编列；以"斜线"方式完成
自动原理	以各种光学、电学、力学、机构学、化学等原理限制某些动作的执行或不执行，避免错误发生	抽水马桶的水箱内设有浮球，水升至某一高度时，浮球推动拉杆，切断水源
隔离原理	用分隔不同区域的方式，避免造成危险或发生错误现象	将易混物品区分放置，以免物品混淆
层别原理	为避免做错工作，以不同颜色代表不同意义或工作内容，设法加以区别	公文、卷宗用红色代表紧急文件，用白色代表正常文件，用黄色代表机密文件

在具体操作时可采用以下方法，如表 6-8 所示。

表 6-8　防呆管理方法

问题	防呆方法	说明
失效——安全装置	互锁顺序	在前一个操作完成前，下一个操作不开始
	预警与中断	在过程中出现异常情况时激活
	全部完成信号	在全部补救措施完成后激活
	限位机械装置	保证工具不能超过某一位置或数量
冗余	多重确认码	防止产品混淆的条码和彩色码
	冗余措施和批准	需两个人独立工作
	审核和检查程序	保证计划被跟踪
	验证设计	利用特殊设计，确定产品或过程的执行是否令人满意
	复合测试台	可检查很多特征。例如，出现在高速生产线上的特征

举例来说，某装配车间为避免安全事故的发生，在压芯机上安装了感应器。我们知道，压芯工位对压芯机的操作属于一种需要安全防护级别较高的作业。当员工按下启动按钮后，如果发现摆放的卷芯不规范而将手伸进去纠正，那么就很容易被落下的压盘压住手，对操作工的人身安全造成伤害。

考虑到此问题的严重性，工程人员在压芯机上安装了感应器，员工按下压芯机启动按钮后，如果操作工的手或身体其他部位伸到压盘下面，就会立刻被感应到，压盘便不会落下。

这便是依据自动原理而采用的预警式防呆技术。为提高防呆技术的效果，人们通常还会借助 5S、可视化管理等方法辅助进行改善。这些内容在本书第 5 章中已有阐述。

当然，仅仅制定一套标准化对策是远远不够的，按标准化目标来执行才是现场改善的关键所在。管理者要与每一位员工对改善对策中涉及的内容进行确认，帮助员工理解和操作。如果管理者和员工之间的理解存在偏差，那么必然会造成员工的不重视，从而影响工作效率和工作质量。而所谓"对策"的最终价值，不过是白纸一张。

让每个员工都能理解和操作

前文中我们已经说过，改善方案必须是标准化的，然而方案制订尚处于计划阶段，改善的重头戏是在改善的执行环节。对于一种改善方案，改善倡导者必须确保每个员工都能对之充分理解，从而确保员工在理解后进行切实有力的贯彻，这样的方案最终才会成为最有效的改善方案。

但是，在实际改善活动的推行过程中，真正取得如此成效的企业却并不多。而仔细分析后又会发现，因员工不理解方案而导致其不知如何操作或操作失败，这样的员工在改善参与者中占了绝大多数。

仅仅只有演示

一些改善者领导员工进行改善的方法是，向员工演示怎样做一项改善工作。毋庸置疑，这是改善中的重要环节。但是，如果仅仅只有演示，那么并不会彻底解决那些有待改善的问题。

某工厂为控制不良品流出厂外，而在厂内增设了多个检验关卡，核查产品标签与产品的符合度，并调配了新员工作为检验员。管理者安排新检验员向老检验员学习。而在改善执行过程中，管理者从远处观察新检验员的动作，皆和老检验员相差无几。管理者非常高兴。不过，当管理者问起"当你拿起产品时是在核查什么"时，新检验员竟然说："不清楚！"管理者几近崩溃。新检验员模仿的动作是对的，但是，他并不清楚自己要做的是什么。更要命的是，即便不知道"自己应该做什么"，他竟然仍然"工作"了整整一个下午。

未能正确地做好改善工作，这并不仅仅是这位员工的失误。因为，不论工作难度有多么小，都不是单凭肉眼观察就可以完全被掌握的。看着一项工作被他人简单地完成了，这并不意味着自己也会同样简单地做好。很多动作是难于模仿的，并且大部分人容易错过一些细枝末节。即使他们能够做、也确实在做那项工作，但往往也仅限于动作的模仿，并不能代表他们已经完全领会了那个动作的关键。

仅仅只有讲述

告诉改善者应该怎么做，这也是改善推行过程中的重点。如果单单只是讲述方法，那么改善方案最终仍然会落空。

一方面，许多操作难以用语言来形容，而且很少有人能够用确切的词语或正确的数字准确完整地解释一个程序。另一方面，听者很难将自己听到的事情按完全一样的逻辑顺序组织起来。因此，就会出现"把事物混淆，只注意到某些方面而忽视了其他方面"的情况，改善方案也因此无从落实。即便经历千锤百炼之后终于完成了改善，但推行过程中必然会犯很多错误，毫无效益价值可言。

仅仅只有方案说明书

还有一种情况，就是管理者非常懒惰，或想当然地认为改善方案写得细致好懂，员工们一看即可明了，无须多加解释或示范。这种做法使改善方案说明书无法落实，或被束之高阁，无人问津。试想，纵然是一套可行性很高的改善方案，但遭到如此对待，又何谈成功改善呢？

因此，如何让每一个员工都能够理解和操作，这才是现场问题改善的关键所在。

让员工学得会

什么是让员工学得会？这就需要一点技巧了。我向大家介绍一种工作指导四步法。通常，我们可以将这种方法的主要内容写在卡片上，制成工作指导四步法卡片（如图 6-5 所示），以指导工作实施。

工作指导四步法
1．安排团队成员
（1）让员工放心、放松。
（2）界定改善任务，减少员工的焦虑感。
（3）找出员工已经掌握的内容，对改善工作指导方法加以适当的调整。
（4）激发员工的兴趣，使之有兴趣参与改善。
（5）将员工安排在合适的位置上。
2．阐释操作过程
（1）讲述、解释和说明每一个操作步骤，一次仅讲述一个步骤，让工作做起来更简单。
（2）将改善后的要求再做一遍，以强调关键点，强化改善过程记忆。
3．尝试演示
（1）让每个员工来模仿操作，并纠正错误。
（2）让员工自己再做一遍，同时说明关键步骤。
（3）让员工自己再做一遍，同时说明关键点。
（4）确认员工已经完全理解该改善方案。
4．跟进
（1）让员工自己独立完成改善方案。
（2）指定他可以向谁寻求帮助。
（3）经常性地检查改善效果。
（4）提倡员工自主提问。
（5）逐渐减少额外辅导时间和次数。
开始下一轮项目改善执行。

图 6-5　工作指导四步法卡片

需要记住的是，如果员工没有记住改善步骤，那么就是负责指导的人员没有教好。在改善过程中，让员工都能理解，有能力操作，这是改善倡导者的主要职责。当然现场改善不是一个人的事情，除了改善倡导者的无私传授外，改善推行者（员工们）也应主动学习，积极理解改善方案，按照改善方式进行操作。

做好维持，也做好持续改善

很多现场改善者抱怨改善效果只是初期见效，后期效果便逐渐减弱。

如果将自身改善行为的失控归罪于改善本身，这便陷入了改善执行的一大误区。要想彻底解决现场问题，就必须做好改善效果维持工作，不断巩固改善成果。这里，我们可以借助一件工具——SDCA。

维持改善成果

与 PDCA 相比，SDCA 的知名度要低很多，但事实上其作用并不逊于 PDCA。SDCA 也是四个英文单词的首字母缩写，其含义如下：

S（Standardization）：标准，即企业针对改善过程而制定的执行和评估文件。

D（Do）：执行，即按照标准予以落实。

C（Check）：检查，即对改善的内容进行审核和各种检查。

A（Action）：总结，即通过对标准执行情况的评审，做出相应处置。

SDCA 循环模型，如图 6-6 所示。

图 6-6　SDCA 循环模型

SDCA 的第一个步骤是标准化。企业日常管理所用到的规章制度、流程、操作规范都可以称为"标准"。制定这些标准并通过训练、指导等手段，让改善者形成改善习惯，使改善成果得以维持下来。

当改善成果得以维持后，一些人可能会产生这样的想法："改善后的效果确实比原来的效果好得多，这应该已经是最好的方法了吧。"这样的误解最终成为持续改善的障碍。

因为，即使这个方法目前算是最好的方法，但并不代表它一直就是最好的方法。随着市场需求等因素的变化，整个生产系统必定会出现不适应新环境的因素。如果一味维持，又会导致现场改善活动陷入僵化状态。

所以，现场改善者不妨借助 PDCA-SDCA 循环组合做好现场的持续改善工作。

PDCA-SDCA 循环组合

如果能够将 SDCA 与 PDCA 二者联合使用，那么将发挥出无穷的威力。首先，管理者可采用 PDCA 循环对问题进行改进，然后采用 SDCA 方法将改善成果予以标准化，使问题不至于反弹。当改善成果在一段时间内得以稳定后，再次采用 PDCA 循环进行改进，然后继续采用 SDCA 来固化。如此循环往复，企业的现场改善水平就会稳步提高。

因此，只有 SDCA 与 PDCA 得以有效结合，使二者不断循环，才能使生产流程的质量得到持续的巩固和提高。SDCA 与 PDCA 的结合，如图6-7 所示。

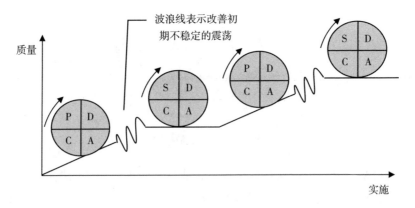

图 6-7　SDCA 与 PDCA 的结合

由图 6-7 可以看出，在 SDCA 循环初期存在一定的波浪型震荡线，但经过 SDCA 循环加以稳定后，便可进入下一阶段的 PDCA 改善。这便使得改善始终处于向上运作的状态，管理水平逐步提升到新的高度。

下面我们举个实例来说明 SDCA 维持与 PDCA 持续改善相结合的使用方法。

问题：产品满意度值达到 90%，未达到目标水平。针对这个问题，管理者如何采用 PDCA 与 SDCA 相结合的方式进行改善呢？在 PDCA 阶段，改善者可以按照以下步骤来操作。

P（计划）：分析原因后发现，产品满意度不高的主要原因是新工程师的能力不足所致。然后，采用"以老带新"的方式来提高工程师的能力。按照上述方案，管理者可以根据老工程师所占的比例，决定由每位老工程师指导两位新工程师，并明确老工程师对新工程师的指导内容。

D（执行）：按照预定计划，老工程师对所负责的新工程师进行指导。

C（检查）：一个月后，对满意度结果进行测量，发现产品满意度上升至 96%。从结果来看，已经达到预期目标。

A（行动）：虽然结果不错，但在"以老带新"的过程中仍然存在不足之处，部分老工程师缺少指导经验，不如其他人的指导效果好。

针对这个问题，改善倡导者可以组织工程师交流会，在老工程师之间交流指导经验，全面提升老工程师的指导能力。以上是改善满意度的 PDCA 循环。在该循环完成后，管理者可以通过 SDCA 来巩固所取得的成果。

S（标准化）：实践证明，"以老带新"的方法是比较有效的，可以将之形成制度。对新老工程师的职责、老工程师对新工程师的指导内容、奖惩方案等予以规范。

D（执行）：在制度制定后，对制度加以宣传、解释，要求相关人员严格遵循制度要求来操作。

C（检查）：在制度执行一个月后，我们发现部分工程师执行不到位。

分析发现，是由于这些工程师的执行意识不强，同时，制度本身也存在部分不合理之处。

　　A（行动）：针对检查阶段发现的问题，管理者可以采取两项行动：一是对执行意识不强的工程师进行教育并按照制度中的奖惩措施进行相应惩罚；二是重新修订制度，使制度更加合理化，然后重新贯彻执行。

　　在实践过程中，PDCA 在问题改进方面的作用显著，而 SDCA 则可以用来保持 PDCA 的改进成果，使之不会反弹。如果改善者在改善推行过程中将二者结合使用，那么就会循序渐进地实现改善目标。需要注意的是，不要奢望着一次换血式的改善后即可一劳永逸了，改善的空间永远存在，改善活动必须持续进行。

第7章
改善要应用协同作业模式

改善项目一旦开展，就不可避免地会出现跨职能问题。因跨职能而引发矛盾冲突的事例屡见不鲜。为此，运用全方位的协同作业模式，发挥"1＋1＞2"的效应，使改善参与方能够共同获益、共同发展，便成为改善者用以解决跨职能问题、提升企业竞争力的有效手段之一。

改善是一场跨职能的联合作战

一些企业管理者虽然对改善活动非常重视，但是在改善推行过程中却屡屡受挫，实施效果并不理想。实际上，这恰恰是因为他们往往寄希望于改善企业的一隅而获得全面的改善结果，甚至在改善推行过程中一味孤军奋战，但却忽略了一点：改善必须是一场跨职能的联合作战，它需要所有人的共同努力。

成功的改善源自跨职能联合作战

成功的改善需要诸多改善者能够对问题作出快速响应，并齐心协力地创造新的改善结果。

快速响应力，这是企业成功推行改善的第一步。

我们要确保企业能够快速应对处于萌芽阶段的威胁或机会，而不是受制于僵化、过时的实施计划。当顾客提出要求时，我们要能够以最快的速度，抽取其需求中的各个"要素"，并及时加以组合，提供给顾客所需的服务或产品，这样企业才能在日趋激烈的市场竞争环境中胜券在握。而这种快速响应力，必须借助各部门的联合行动来实现。

创造改善成果，这是企业推行改善的重点。

一家美国的著名咨询公司曾就CRM（客户关系管理系统）的改良采访了50家世界大型企业的领导者，并得出一个结论：组织好，才能正确地改善CRM。在得出该结论的文章中论述指出：大部分CRM工程之所以改善失利，往往是因为企业各部门、人员之间缺乏合作意识。

比如某企业的客户信息管理流程，产品设计部、客户服务部、销售部都需要搜集有关的顾客信息。但是，由于每个部门都各自为战，使搜集顾客信息成为一项重复性工作。如果能将这个流程中的环节加以整合，那么便可以避免很多重复性工作，同时也减少了因信息不对称带来的冲突。

因此，要成功推行改善活动，企业必须动员所有部门的人员参与，使多个部门之间友好合作，共同讨论改善的可能性和具体方法，共同实施并维护所有改善过程。

跨职能联合作战与跨职能组织

企业要实现跨职能联合作战行为，首先必须建立跨职能组织。图 7-1 展示的是职能矩阵与跨职能矩阵。

实施改善策略前的职能管理

职能\跨职能目标	产品策划\n产品策划、\n工程规划	产品设计\n工业设计、\n试验设计	生产准备\n生产计划、\n生产工程	采购\n采购控制、\n采购实施	生产\n一车间、\n二车间	销售\n国内、\n国外	
质量改善	●	●	●	●	●	●	跨职能管理改进
成本改善	●	○	●	●	●	●	
交期改善	●	○	●	●	●	○	
改进职能管理							

注：●强关联　○弱关联

图 7-1　职能矩阵与跨职能矩阵

在图 7-1 中，纵线代表不同的职能部门，以产品策划为起点，包含设计、采购、制造、销售部门；横线代表主要的跨职能的目标，包括质量改善、成本改善和交期改善。跨职能活动从横向切入职能部门，对各部门产生不同程度的影响。这是信息在不同职能部门间传递的典型情景。

　　不过，这种职能部门的联合行动还未达到最理想的状态——仍然存在部门间的独立作战。而为了实现理想的联合作战状态，必须引入跨职能目标，为质量保证等提供系统支持。图7-2是理想中的产品开发过程。

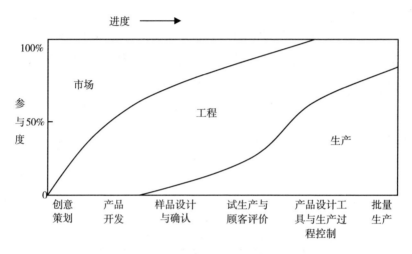

图 7-2　理想的产品开发过程

　　而在企业管理的各个阶段中，如果引入跨职能目标，将强化其共同的改善参与意识，使各职能部门和人员谨记质量、成本、交期这三方面的改善目标，继而在改善过程中爆发出超强的改善力。

丰田：最早、最成功的跨职能管理

　　丰田是日本企业中最早推行跨职能管理的公司。当时，丰田提出两大要求：一是要求高层管理者说明质量目标，并将该目标部署给所有员工；二是建立管理系统，使不同部门无间配合。

　　由于质量和成本一直被丰田视为最为重要的管理目标，所以，丰田为质量保证和成本控制制定了完善的规则，并将二者作为跨职能管理的工具。

　　从策划到销售，丰田将跨职能活动的工作流程分为八个步骤：产品策划、产品设计、生产准备、采购、全面生产、检测、销售与服务、质量审计。

丰田在相关规则性文件中对于这八个步骤的实施、需要保证的科目，进行了详细说明，并为成本控制或质量控制安排具体的后续活动。

　　以质量保证为例，下面来解释如何使用这些规则。为了使所有人员达成共识，丰田在规则文件中为质量保证做了明确的定义：保证产品质量让顾客满意、可靠，并在经济成本上为顾客所接受。

　　接下来，丰田开展了一系列质量保证活动，让每个职能部门执行。各部门跨职能质量保证活动清单如表 7-1 所示。

表 7-1　各部门跨职能质量保证活动清单

步骤	负责人	主要的质量控制活动	对质量的影响程度
产品策划	总经理、销售部、工程师、产品规划部	建立并分配质量与成本目标	¤
		预防重大质量问题的反复发生	¤ ¤ ¤
产品设计	总经理、产品规划办公室、工程部	评价质量目标的适应性	¤ ¤ ¤
		测试产品性能的可靠性	¤ ¤
		产品设计的具体落实	¤ ¤
生产准备	生产工程经理、质量保证经理、质量检测经理、生产部经理	确定满足设计质量的过程	¤ ¤
		做好汽车试验准备	¤ ¤
		评估试验型号	¤
		研究首份《常规过程控制计划》	¤
		确保工序能力	¤
实施采购	采购经理、质量保证经理、质量检测经理	确认供应商满足数量和质量要求的能力	¤
		通过测试首批物料，检测供应商的制造质量	¤
		协助供应商加强质量保证系统	¤
展开全面生产	总经理、生产部经理、工厂总务	保持制造质量达到最优水平	¤ ¤
		在最优水平下确保过程控制水平	¤ ¤
		保持工序能力和生产能力	¤ ¤
车辆质量检测	质量保证经理、质量检测经理	通过测试首批产品，来检查制造质量	¤ ¤
		决定是否交付产品	¤ ¤ ¤

续表

步骤	负责人	主要的质量控制活动	对质量的影响程度
销售与服务	总经理、销售部、客服部	做好包装维护，预防运输过程中的质量下降	¤ ¤
		宣传如何正确使用和维护车辆	¤
		测试新车	¤
		质量信息分析与反馈	¤ ¤ ¤

注：¤ ¤ ¤ 至关重要，不可变更；¤ ¤ 影响重大，必要时可以变更；¤ 影响很小

表7-1中不但列出了各个阶段的负责人，还列出了负责的具体项目，全力避免给下游顾客带来不便。

此外，每个职能部门都设有几项跨职能的职责，而每项跨职能活动又会贯穿几个部门来共同推行。这是丰田在改善活动推行过程中高于一切的目标。而且，也恰恰是这种跨职能目标的确立，使丰田实现了跨职能部门之间的合作，其生产质量和利润率也在全员参与和维护的过程中得到了保证。

改善的第一堂课：顾客至上

丰田汽车销售公司的神谷正太郎曾说过这样一段话：

从汽车销售业务中获益者的优先顺序应该是顾客第一、经销商次之，最后才是制造商，这种态度才是赢得顾客与经销商的信赖，并最终为制造商带来成长的最佳方法。

这段话贴切地反映了他毕生倡导并深深影响他人的"顾客至上"的理念。所谓"顾客至上"，是指一切企业活动都应以顾客为中心而开展。这种理念反映到"改善"活动中，则是指以顾客价值提升为核心，发现改善主题，提高管理水平。这是改善推行的前提条件之一，也是协同作业者必须奉行的行为宗旨。

　　以日本汽车制造业者的促销活动为例，他们采取的传统方法是挨家挨户地拜访、面对面地销售。但是后来，为了让顾客获得更好的服务，汽车公司决定改变这种销售方式。由于他们拥有顾客的详细资料，这便使他们非常清楚何时登门销售最为适宜。例如，当顾客即将到取得驾照的年龄时，汽车销售人员便会与之建立联系，提供顾客可能需要的丰田车款。这种服务帮助企业与顾客建立了稳定的联系。当顾客确实需要汽车维修服务时，他也多半会向销售员求助，而不是直接联系那些不甚了解的维修部门。这种情形非常契合丰田公司对顾客关系的期望。

　　后来，丰田公司又建立了专门的经销商系统，以教导员工如何从顾客的视角来发现问题，并据之提出有效的改善措施。事实证明，唯有坚持"顾客至上"的理念，始终以顾客为导向去发现问题，提出并实施改善措施，才能有效提升产品或服务价值。

　　丰田这种以顾客需求为导向的改善思想，帮助丰田争取了极大的市场份额。这也给了人们启示：

　　要想如丰田公司这样实现不断成长，就应该在以"顾客至上"的理念指导下，对团队加以很好的利用，并营造出一种团队合作的新环境。这是作为改善者必须上好的一堂课。

　　如果要落实到具体操作层面上来讲，就是要使各流程互相关联，各岗位互相衔接，各任务互相牵连。由于牵一发而动全身，故而能够理顺各管理层级之间的工作接口和管理界面，明确公司各部门的工作顺序及支撑关系，实现各项管理活动的"无缝衔接"。由此，所有衔接最终都将指向一个主体——顾客，所有环节都将指向一个目标——顾客至上。

而当企业能够使顾客需求成为改善目标时，改善活动在无形中变得简单起来。企业只需集合内外部全部力量，尽可能地满足顾客的需求，为顾客创造价值，便能够在此过程中求得生存和发展的更大机会。

你的顾客在下一道工序上

说到这里，我们不得不讨论一下有关"顾客"的问题。大多数人是将产品的最终消费者视为顾客，这是一种狭义的解释。广义的解释是：下一道工序即顾客。

其实，这句话有两层含义：一是一切工作或活动都应该由顾客需求来驱动，二是上一道工序必须为下一道工序提供产品或服务。

以顾客需求为导向

我们工作的目标是生产顾客想要的产品或提供顾客需要的服务。所以，我们应遵守"顾客需要什么样的产品和质量，我们就生产什么样的产品和质量"的规律。这样就可以保证产品或服务完全是顾客所需的，为顾客创造更大价值，并对精益管理起到引导和控制作用。

华为公司有这样一条理念："为顾客服务是华为存在的唯一理由。"为鼓励大家积极收集高价值顾客需求，他们甚至专门设立了"最有价值需求奖"。

"最有价值需求"是根据《"最有价值需求奖"评选管理规定》所设定的评选标准，筛选出对公司产品、解决方案、业务运营、服务、商业模式等具有最高参考价值的需求，而后对提交者进行表彰，从而在公司内形成关注顾客需求的良好氛围，促进相关部门把握市场机会点，从而实现华为公司和顾客的双赢。

在这种思维方式下，所有环节的操作都在为满足"最终顾客"的需求而努力，所有人都将满足顾客需求作为自己工作的直接目标。

下一工序是上一工序的"内部顾客"

"下一道工序即顾客。"事实上，这句话原本就是对流水线作业做的比喻，即下一道工序就是上一道工序的"顾客"，把这个"顾客"的角色分解到了最小化。

就拿一件产品的打包工序来说，前道工序是把产品装入包装袋，再把袋口贴好胶带流入下道装箱工序。正常情况下，装箱人员只需把前道流下来的产品直接装箱、封箱即可，但如果前道包装袋口没有封好，使用说明书也没有完全放入袋内，以致装箱人员不能马上装箱，就要再重新整理一下之后才可装箱。因此，这就造成了下一道工序的困扰，也相应增加了下道工序的作业工时。

由此可见，前一道工序必须尊重下一道工序，给下一道工序的操作人员递交完好的产品。这种作业理念适用于制造一线的任何一道工序的人员。

如果把生产流水线每一道工序延伸到公司的各个部门、乃至整条供应链，也是同样的道理。

从销售接单到生产好产品后发货给顾客，如果每个部门只是把自己应做的事务做了一半，或者做得模棱两可就传给了下一个部门，到最后只会是最后一个部门——制造部的压力最大。其结果也不会是最理想的。

而从整条供应链上看，上下游环节之间天然存在着一脉相承的关系，下游环节的正常运作需要得到上游环节的支持。如果上游环节不能为下游环节提供满足需求的产品或服务，那么下游环节将难以进行持续作业。试想，如果A供应商交给生产企业一批不合格的来料，后者照单全收，那么最后可能产出顾客满意的产品吗？

如果我们没有为下一环节提供服务的意识，就必然影响本环节的作业水平，从而影响对外部顾客的服务质量，最终导致企业价值严重受损。所以，我们必须形成"下一道工序即顾客"的服务思维，在供应链相关方之间、在部门与部门之间、在员工与员工之间，建立明晰的顾客关系，将顾客导向引入日常改善中，实现企业整体的协同作业。唯有如此，才能在改善之初节省不必要的额外成本。

多听听顾客的声音

"下一道工序即顾客"，不仅仅是停留在口号上面，还要注意顾客对客观事实的反映。远离顾客或者压制顾客的意见，无疑会让企业的改善之路越走越窄。如能多倾听顾客的意见，对顾客提出的建设性或批评性的意见和建议立即作出有效的反馈并付诸实践，那么将易于取得更可观的改善成效。

那么如何倾听内外部顾客的声音呢？最常见的意见信箱、投诉热线、网络意见收集、工序卡反转等方式都可以帮助企业了解顾客的意见和要求。不过，有时候企业的倾听也会流于形式，难以发挥渠道作用。主要表现如表 7-2 所示。

表 7-2　倾听时的常见问题

常见问题	说明
缺乏系统性	顾客反映的意见和问题散乱、琐碎，今天出现这个问题，明天又出现那个问题，让人抓不到重点，不知道需要优先改进顾客提出的哪个问题才对
缺乏洞察性	顾客反映的问题往往很大、很表面，处于上一工序的部门或操作者很难发现到问题的实质，工作无从下手

因此，建立一套良好的顾客倾听系统就显得十分必要。因为这样一套系统可以帮助人们对顾客的意见、需求产生系统性、全局性的认知，了解都有哪些方面、哪些环节会影响顾客的感知。这样，问题出在哪个环节，

改进的迫切程度如何，上一工序的部门或操作者就会了然于心，同时亦可洞察到问题的细微之处，找到产品和服务改进、创新的着力点。

为每个人确立每日工作责任

也许现在大家都已经认识到自己应该为下一工序提供最好的服务，但是在实际管理过程中却仍然会困惑于自己到底应该做什么。此时，我们可以为每道工序的操作人员确立目标责任，使之明确自己的任务内容和目标值。

这种方法可以提高人们的参与兴趣，使之更全力地投入到工作中，按既定标准完成任务。当其圆满完成目标责任时，目标责任人的成就感会油然而生，成就感会督促其竭尽全力地实现下一个责任目标。

另外，责任目标制也会使大家加强对改善标准的关注，因为改善标准的设定难度、个人达成改善标准的程度与责任目标的最终实现息息相关。当我们感到按照当前的标准很难实现设定的责任目标时，我们会自动自发地提高作业标准要求，无形中提高了改善水平。那么，应如何建立并落实好目标责任制呢？

建立目标责任制

美国海军军官迈克尔·阿伯拉肖夫曾在两年时间里，将一艘装备先进却管理混乱、士气低落的军舰，打造成美国太平洋舰队中最优秀的舰艇。他有一句话备受管理者追捧："这是你的船！要让它成为最好的！"这句话反映出了一个人了解目标责任的重要性，以及他了解个人目标责任后的心理和行为。那么，如何了解自己的目标责任，并更好地履行职责呢？

最直接的硬性规定就是岗位责任书。在每个岗位的岗位责任书上都白纸黑字地说明了每位员工所需要完成的工作任务和所需履行的职责。不过，这些岗位责任书在一定时期内是不变的。为了更具体地规定员工的每日责任目标，许多优秀的企业建立了晨会制度，以更灵活地进行目标责任管理。在晨会中，员工们可以针对各自的目标任务加以沟通，从而明确新一天的工作任务，因而工作起来更具目标性。

晨会具有双重关注点，即运行和改进。这些会议通常在责任逐渐增多之时召开。日常活动的核心在于目标责任的确定和对流程的严格执行。晨会主要包括以下四部分内容：

（1）在可视化控制所获取的数据基础上，分析、归纳前几日的工作情况和工作成果，对成绩予以表扬，对不足之处提出改进。

（2）根据上级部门的生产计划，分派修正活动和改进任务。

（3）完成当天任务的目标责任分配。

（4）敦促员工保持生产现场的良好状态，形成良好的作业习惯。

晨会的安排频率较为紧凑，关注的是建立目标责任并采取解决问题的行动。晨会采取自下而上的形式参与改善，同时会将绩效信息与目标责任予以可视化展示。

晨会的第一项议程通常是当天的人员计划。主要内容是展示当天工作的开始位置和具体任务安排，以及对个别问题进行沟通和确认，具体如下：

（1）是不是所有小组成员都应该参加会议呢？

（2）如果不是，那是由谁在哪里开始工作比较适宜呢？

（3）在晨会中，如果有人意外缺席影响了工作的正常启动，我们怎样才能在不同区域中迅速调拨人员，以确保实现当日工作计划？

（4）在价值流中，有没有哪个部门不能对劳动力与当天工作进行协调？

（5）如果有，应如何进行重新部署，以确保所有工作都按照计划进行？
……

在制造型企业，人们通常会在早班前10分钟内召开晨会，管理者将全体生产人员集合到某个区域内进行交流，对当天工作作出简要安排，以提升员工的工作热情和积极性。不过，在针对目标任务进行沟通时，也要注意一些事项，以确保晨会开展的高效性。

某企业开始大力推行目标责任制。管理者认为，要想更好地贯彻目标责任，员工必须愿意接受自己的目标责任，这应是工作开始前的必要环节。于是，他们开始在晨会中讨论各自的目标责任。

此后，每次晨会上，争吵之声不绝于耳。当车间主任下达分配给各个小组工作任务时，员工们便会立即对任务分派计划提出反对意见；当车间主任评价某个小组工作效率低或不良率上升时，他们也会找出各种各样的理由说明原因……但是，始终没有人主动提出改进方案。最终，晨会成了一个众人抱怨和推卸责任的会议。

由上述案例可知，做好晨会上的目标任务沟通，并不是件容易的事。必须事先确定晨会的主要内容，把握晨会沟通的方向。

员工也要主动提出完成任务的最佳方略，对于自己遇到的难题要大胆地提出来，与大家沟通，讨论出最佳的解决办法。这样一来，员工便可借助晨会更好地了解自己所承担目标责任的内容、数量、质量、时间等要求，确认目标责任的各项指标要求，需要与哪些工序或人员协同，或为之提供哪些支持，以便于执行、达到考核合格水平。同时，员工也可以从晨会上了解自己执行任务时被赋予的权力，以及被分配了哪些实现目标的必须资源，从哪里获得帮助等。这样，便可以明确自己在全方位协同作业下如何更好地完成任务。

目标责任重在解决问题

目标责任管理能够快速暴露和解决问题。由于人们的任务责任是预先确定的，所以一旦我们发现行为结果与目标责任之间存在偏差，那么就说明出现了问题。

为避免出现更多问题，首先应强化"接受目标责任"这一环节。当管理者进行现场管理、日常审查时，我们都有可能被安排新的任务。但是，任务接受并不一定都是单向的过程。作为下属或者支持成员，我们可以在会议中提出需要帮助或寻求支援的申请。实际工作中，很多人愿意由管理者直接为之进行工作分配，因为有些工作如果由那些较权威或能得到更多不同资源的人来完成，往往会取得更可观的效果。

接下来，我们就需要通过目标责任管理来发现问题、改善问题了。不过，由于个人关注点不同，其处理行为也会表现得截然不同。下面我们以两个相互对照的例子来说明这一点。

笔者曾到一家工厂参观。当时，每位小组长所负责的区域中都设立了小组信息板，以作为改善示范区域内的新产品展示点。这些信息板简单、统一，小组长非常重视更新信息板上的内容。

随着更多新产品的引进，企业组建了项目小组来推行流程改进策略，随后，该区域的绩效情况有所提高。但实际上，流程运行前18个月内的所有改变，都来自项目小组对生产布局采取的重大改变。

一位小组长一直在尽职尽责地维护信息板。我问他对这项工作有何看法时，他回答："没什么用。"他说，这样记录出现偏差原因的工作，已持续两年，但是却根本没人去挖掘出现偏差的原因。他已经无数次将出现偏差的原因标注在生产追踪表上，但同样的问题仍然层出不穷。于是，他决定不再填写信息板。目标责任管理最终不了了之。

与之形成对照的，是一家装配厂的改善案例。

某装配厂的改善小组引进了生产追踪表和每日目标责任流程，以促进改善的实施。我问一名操作员："是否有生产追踪表？"他说有，并拿给我看。这张表已经填好，注明何时未达到小时生产目标，并说明了具体原因。

我问他对这张表的看法时，他说："非常好。我们写下了那些一直困扰我们的问题，这些问题因此得到重视。有了这些表格后，我们的工作效率提高了很多。"

当我看到了这个部门的信息板，上面列出了造成生产中断的三大问题和解决措施。这是一个非常关注改善的区域。半年后，这家工厂超额完成了目标并取得了重大改善。

虽然两家企业都在实施目标责任管理，但是效果却截然不同。在第一个案例中，仅仅是以生产追踪表的形式，通过目标责任的履行将问题加以暴露；而在后一个案例中，他们不仅暴露出了主要问题，还积极、有效地解决了问题。二者的结局鲜明地说明了两种处理方式孰优孰劣。

所以说，目标责任制的实施重点应落在彻底解决问题上，而不是始终停留在问题发现上或书面汇报上。否则，即使问题发现得再早，原因分析得再透彻，也不过是一项人人参与的形式工程而已，毫无价值可言。

每个人都要投入到改善活动中

在前文中我们提到过，要让每个人都对改善有一种主动参与的态度，不过这还远远不够——还要让每一种改善活动都能落实到实践中，让每个人都承担起工作责任，如此才能确保改善活动取得实效。

若想让每个人都投入到改善活动中，我们可以通过召开例会来实现。因为，例会是企业上下聚集的平台——在这个平台上，企业中各层级人员都可以提出改善问题、讨论改善方案、公布改善成果或总结改善教训，这是各层级人员参与改善的最直接形式。

分层级召开例会

通常情况下，例会可被分为三个层级，即小组长和生产人员的会议、

主管和小组长的会议、价值流经理与其主管及支持团队的会议。每一层级的会议都可以引导各层级人员朝着预期的改善方向而努力，明确各自的改善内容。同时，各层级会议也能够证明该层级人员的改善预期和实际参与情况。

一层级：小组长和生产人员的会议

生产小组会议的重点是公布前一日的工作绩效情况、当日人力安排计划和轮班计划，并进行当日工作任务的具体分配。这样，我们即可了解到自己在前一日的工作绩效如何，从而确定自己的当日工作计划及其他事项；在开工前，再次核实、确认分配给自己的任务是什么，需要承担哪些目标责任。

另外，我们还可以从小组公示板上了解项目计划的大致内容，以了解可以获取哪些外部支持和需要关注的问题。

需要注意的是，这种会议并非组织内部单向的沟通渠道，而要使小组成员能够自由提出问题和建议，然后由组员彼此来解答或者作出及时响应。

二层级：主管和小组长的会议

这一层级会议由主管主持，主要内容包括前一日工作业绩、当日工作内容和工作趋势表。通常情况下，小组长会在公示板上出示相关信息，如前一日生产追踪表、关键流程和设备的运行状态、本周或本月的绩效数据、前一周出现的主要问题、问题严重程度以及所采取的解决措施等。

随后，会议讨论的焦点将被转移到生产追踪表上。主管和小组长通过追踪表来了解每一个出现偏差的单位生产时间。至第三层级会议即价值流层面的会议时，他们会再次分析生产追踪表。主管会阐述发生的事件、采取的响应措施以及是否需要获得第三层级会议中某些管理者的支持。

另外，主管还会设计一个可视化任务分派板，以作任务改善之用。可视化任务分派板由很多行构成，每一行对应一位参与员工的姓名和作业日期，通常是逐天列出，时间长度为一两个星期。主管将任务分配给小组长和支持小组代表，由之负责对生产追踪表或改进需求作出响应。对于不太正式的观察、定期审查的评定以及分配给主管的活动，同样也会在这一层级会议上产生任务分配。

在此会议上，最重要的就是由员工填写生产跟踪表，标明其目标达成状况。该表内容的真实性和填写时间的科学性，对参会的主管进行问题分析和下一步分派工作至关重要。并且，这一层次会议的决策对员工目标责任的履行会产生极大影响。

三层级：价值流经理与其主管、支持团队成员的会议

在这一会议中，每日绩效数据被加入趋势表中，涵盖安全、质量、交货以及成本等内容。价值流经理与其主管及支持团队成员在会议上的工作如下：

（1）简要评估当日人员分配情况和前一日生产表现。

（2）分析前一日生产绩效追踪表，仔细查看生产的完成情况、出现偏差的原因，然后根据这些数据进行公开的任务分配。

这类会议常常给生产或工作带来很大变化，员工也往往会在这类会议召开后重新确认自己的目标责任。

综上所述，三个层级的会议中，每一层级会议的与会者都有所不同，但是基本目标却是一致的：借助三层级会议，管理者可以使员工更好地完成目标责任，找出工作中的疑难问题，并采取最有效的方法来解决；而员工也可以从三层级会议中明确个人当前的目标责任和责任变化趋向。

不发表自己的意见就请退场

需要注意的是，三层级会议并不是一部分人汇报问题、提出解决方案，而另一部分人去附和的会议。后者对于三层级会议的召开是毫无用途而言的。如果他们表达的并非是自己的意见，而包含了很多推断性的内容，那么做出来的经营判断通常也不会有多大的用途。

佳能集团董事长酒卷久曾规定——"禁止发表不属于自己想法的意

见"。具体而言，就是禁止使用"大概""可能""负责人说"这类表达方式。如果连用这种推测性表达超过 5 次，那么这位发言人就会被立即强制赶出会场。酒卷久认为，像这种内容暧昧不清的表达，一旦放任不管，那就是对发言者和所有参与者不负责任的表现。长此以往，必然使整个企业陷入不负责任的氛围中。另外，对于在例会中没有提出过一次问题的人，也不需要让他出席下一次会议。

而之所以对提出问题和解决问题的人采取这样的管理方式，其目的只有一个：就是以一种看似强制的手段，使每个人都投入到改善活动的开展过程中，最终使之将参与改善变成自己的一种习惯。

积极组建各种改善小组

当所有个体都积极参与到改善活动中，即可区分改善活动类型，组建各种类型的改善活动小组。比如一汽大众汽车公司就划分了前端匹配小组、电器小组、淋雨小组、天窗匹配小组等各种类型的改善小组。为什么要组建各种类型的改善小组呢？因为，这些针对生产过程中的各个环节来进行的类型划分，可以帮助人们从每个环节入手进行改善，使改善活动更为专业；同时，这种改善也突出了联合作业的特点，总体覆盖范围也更为广泛。

建立各种类型的改善小组

企业中最常见的改善小组类型就是质量控制小组。其成立的活动宗旨，不仅限于质量方面，而且也包含了成本、安全以及生产力方面的课题。

1962 年，日本科技联盟开始推行质量控制小组运动，希望借此构建起愉悦而有意义的工作环境。这些质量控制小组由各工序的操作人员自愿组成，他们的主要任务是着手解决眼前的问题，例如，如何组织和安排工作、保证人们的作业安全。同时，他们的活动渐渐地转向更有挑战性的任务，如改进生产力、提高质量。

据日本科技联盟介绍，目前在日本科技联盟正式注册的质量控制小组已超过170 000个，而未作正式注册的质量控制小组则可能达到340 000个。质量控制小组成员通常有6～10名，据此推算，在日本至少有300万名员工在直接参与质量控制小组活动。

在此基础上，日本还会定期举办地区性和全国性的质量控制小组会议，小组领导之间会分享彼此的经验。目前，地区性的质量控制小组分会有8类，全国性会议有6种类型。这样，质量控制小组活动就组成了一张覆盖全日本的关联网络，质量控制小组成员可以轻松地了解到其他行业中的人们正在操作的事情。

不过，在国外企业中，上述改善活动往往会被视作管理者的任务。一位美国工商管理研究人员曾说："美国的经理似乎不愿相信他们的员工能想出好主意。"

但实际上，由于员工更接近问题，他们甚至能比经理更好地解决问题。而由员工去想办法、解决问题，还可以很好地提高士气。这也是改善小组之所以能够成功推行的重要原因。

改善小组的基本组成

日本质量控制运动一个最主要的特点是它令所有层级上的人员都参与进来。不过，改善小组的组成结构是相对固化的——改善小组通常是由小组长和改善成员组成的。

小组长所肩负的最基本职责就是维持这个小组的稳步运行，并完成改善项目的每个任务。他不一定非要知道怎样去改进或为什么需要去改进，这些问题的答案可以由小组来解决；他只要能够让小组成员行动起来即可。

在筛选小组成员时，需要参照一定的标准（如表 7-3 所示）。

表 7-3　筛选小组成员的标准

小组成员必须满足以下要求：
1. 至少有一半的员工来自该项目领域外（比如销售部、工程部、维修部、生产控制部、仓储部、管理层、平行车间……）。 2. 小组的组成应该包括 1/3 的操作员、1/3 的改善支持者和 1/3 的其他人员。 3. 一个小组的人数应该是 6 ~ 12 人，以七八个人为佳。 4. 至少有两名操作人员从事该领域的工作。 5. 小组长必须有过项目领导或联合领导的经验，以及改善项目的经验。 6. 销售员、消费者或者是来自其他车间、其他公司的人都可以参与到改善小组之中，使改善小组的改善视野更宽阔。 7. 选择的小组成员要富有创造力。

小松公司的改善小组

日本小松公司的质量控制运动始于 1961 年。当时，小松公司的年营业额只有卡特彼勒公司的 1/10，每个人都意识到如果产品不能在性能和价格上与卡特彼勒匹敌，那么公司将难以生存下去。为了实现保持竞争力的目标，小松公司开始了质量控制运动。

于是，在小松公司的每个工作单位中，都有一位质量控制专员来协助质量控制小组的工作。这样，共有 300 名质量控制专员，由他们来提供改善活动的咨询，发放改善活动教材，并负责倾听工人的建议。

截至目前，小松公司已组建 800 多个制造领域的质量控制小组，以及 350 个销售、服务质量控制小组，每个改善小组年均提出 4.2 个新点子。其中，制造部的参与率达 95%，销售服务部的参与率达 89%。

随后，小松公司将努力的范围在纵向和横向上延伸开来。纵向上，全面质量控制被扩展到了分公司及分包商；横向上，则被扩展到跨国生产网络中。如此一来，便实现了整条供应链的协同改善。

可以说，在这样一个充满未知和变化的时代，任何一家企业都相当于站在十字路口处，为了应对变化、协同作战，人们有必要对这种改善实践所带来的价值给予足够的关注，并积极组建各种改善小组，推动每一项改善活动的开展。

有效推动每一项改善活动

如果已然确认人们乐于接受和参与到改善活动中来，我们即可正式推动改善活动的运作了。为了确保改善活动的有效性，必须选择好改善的区域，并为改善项目的开展做好一切准备工作。

选择改善的领域

在选择实施改善的领域时，可暂不考虑多模型生产线，因为这将会随着小组经验的积累而慢慢得到改观。而如果选择了一个复杂的生产线路，那么则必须将其分成若干个子车间。因此，在改善伊始，所选择的生产线应该是这样的：

（1）确保最终能够取得成功的生产线。

（2）为大部分员工所熟悉的生产线。

（3）能顺利生产出成品，而不会在生产过程中出现停滞的生产线。

（4）对其作出的改进均可被移植到其他领域的生产线。

（5）其改变有助于消除生产过程中的瓶颈和制约的生产线。

（6）其改进更有利于市场和财政的生产线。

（7）业务问题是很明显的，但与管理或政策无关的生产线。

（8）是可视的生产线。

（9）有一个产品能在一个车间里完成，操作员少于 12 个并进行过交叉训练的生产线。

（10）有一个产品的产量处于中等偏上水平的生产线。

（11）完成产品的每一部分都要经过四至六道工序的生产线。

（12）生产过程可以被分解得更小的生产线。

（13）贯穿整个生产车间的生产线。

（14）始终充斥着"在制品"的生产线。

（15）设备效率较高的生产线。

　　每一个改善项目都是改善小组的一个训练平台，改善小组会不断地获得经验，所以所选择的领域也要让改善小组更利于总结经验，并有助于将所习得的经验应用于下一次改善项目中。

改善项目开展的准备

　　改善项目开展之前，需要做好很多方面的准备工作。其中一个重要准备工作就是我们在前一节中提到的改善小组成员的筛选。此外，还需要做好以下五方面的准备工作，如表7-4所示。

表7-4　改善项目开展前的五大准备

准备事项	具体说明
设备和材料	计划和筹备改善项目时，材料与设备是必不可少的。常用的材料与设备包括：手工工具、木材和钉子、锤子、卷尺、纸板、粉笔线、胶带、速换接口、插接器、手推车、升降机、活动挂图、标签、白色书写板、剪贴板、安全设备、清洁工具等
厂房	选择厂房要选择干净的位置，将有效时间尽量用在改善工作上
辅助人员	为了使改善工作顺利进行，需要指派一些专门的维护人员辅助改善人员开展改善工作 在项目开始之前，维护人员要预估哪些物件需要预先做好准备，形成准备清单，并确保能够及时准备齐全；在项目开展过程中，维护人员则需充当联络员的角色，帮助改善过程协调和状态维持，避免改善活动开始过程中出现混乱
背景信息	在许多项目中，大量时间被浪费在搜寻生产节拍、产品组合和工艺要求这些参数所必需的数据和生产信息上。为应对紧急需要，建议做好以下资料：①局部量分析和流程图。②当前工艺流程和操作图纸。③顾客对产品的日需求量、周需求量和月需求量，并分别用排列图描述出来。④组合模型的信息。⑤把每个所涉及的部门的最新布局图做得尽量大，然后挂在墙上，并且复制到办公纸上，让小组成员在工作时随身携带。⑥操作员名册，每个人负责的工作都应描述清楚

续表

准备事项	具体说明
后勤保障	改善小组成员需要完全参与到改善活动中，不能出现中断，这就意味着小组成员们不能在日常工作和改善项目之间来回跳转。所以，要准备好挂图、书写板、标签、电脑及工具箱等，保持改善场所的秩序

为有效开展每一项改善活动，必须确保上述准备工作全面、到位，而后才谈得上如何合理地推动改善工作进程，取得理想的改善结果。

合理化改善的推进步骤

必须确保改善的推行过程有序展开。通常情况下，改善活动的具体推行可以依照以下步骤进行：当前状况归置、未来状态规划、新工艺的实施、实施报告的提交和改善实施之后的管理。

当前状况归置

在改善活动实施之前，必须对当前各方面状况有透彻的了解。这就需要各部门主动收集信息，并向相关部门提供完整而有用的数据资料。当然，数据的正确性同样极其重要，如果当前的数据不准确，还不如没有数据。以某加工流程运作为例，可以先设定归置流程（如图 7-3 所示），用以指导对当前加工状态的归置。

为完成上述加工归置流程，改善小组可以先进行 5S 调查，对某个区域的状况加以评价。这项调查通常委托第三方或者由工厂经理来执行。调查结果可以用于辅助改善小组作出改进决策。

接下来，即可收集相关时间数据。这些时间数据可以帮助改善小组清晰地了解生产线的状态，并预测到一些可能发生的事情。除了已确定的当前状态的细节，在改善即将进行之时，了解与活动有关的事情也是十分必要的。要知道，对未来状态作出规划是要建立在对当前状态具有详细了解的基础上的。

加工归置流程卡
（由团队领导完成） 1. 明确工作标准，填写标准工作单。 2. 发货，并计算实际运输距离。 3. 计算当前加工过程所占据的面积。 4. 计算当前的半成品数量。 5. 计算当前的员工数量。 6. 确定分配到各个区域的人员。 7. 调查加工过程中发生的转变及其发生频率。 8. 确定加工瓶颈及其发生的根源。

图 7-3　加工归置流程卡

未来状态规划

一旦有关当前状态的各类数据都已收集齐全，接下来改善小组就可以集体讨论关于改善的问题了。这一阶段可以分为四个步骤进行。

（1）从消除浪费的角度来观察当前的状态

任何增加成本却没有引起增值的事情都可以被视为浪费，改善小组需要对这些浪费保持警惕。这些浪费通常表现为以下几种形式，包括生产过剩浪费、时间浪费、运输浪费、不必要的工艺浪费、库存浪费、动作上的浪费、次品和返工浪费、人力利用不充分的浪费、不适当使用电脑的浪费、错误的衡量标准造成的浪费等。

（2）自由讨论

对企业当前状态有了初步认识后，改善小组成员会对将来的改善有很多想法。此时，可以将这些想法记录下来，然后从其正反两面出发，对相似的想法加以分类、汇总，直至排除所有的可选项。

当确定了最优结论、形成改善计划后，团队中的维护人员应该反复论证这一改善实施计划的可行性，并验证是否存在问题；一旦发现问题，要立即提出。

（3）工作标准指导

在自由讨论阶段，工作标准指导已经可以着手落实了。需要注意的是，这些标准必须符合国内外标准化组织的标准，并符合企业内部的质量和安全管理条例。具体内容可参照工作标准组合表，如表 7-5 所示。

表 7-5　工作标准组合表

页码：	操作员编号：				操作员姓名：
部门编号：		有效日期：	每班数量：		手动 ＿＿＿＿
工艺名称：		单元：	节拍时间：		自动 …………
					步行 →
			间隙时间：		等待 ↔
NO.	操作说明	时间要素			累积的操作时间
		手动	自动	步行	
共计：					

（4）自制工作指南手册

工作指南手册需包含所有操作的具体说明，以确保对于任何工作的推行都不再存在疑问。表 7-6 是工作指南手册的模板。

表 7-6　工作指南手册模板

区域经理：	车间主任：	组长：	部门编号：	数量：	小组：	操作者：
			部门名称：	顾客：		
步骤编号	工作内容	质量		关键词	操作时间	流程图
		检测	类型			

续表

						净操作时间：
						标准在制品：
						节拍时间：

共计：

其中，"检测"一列主要记录在此工序的生产工程中的质量检测频率，通常可用比例来表示，如 100% 写作 1/1，10% 写作 1/10。而"类型"一列则描述用来执行任务的检查类型。

此外，还应编制操作者的详细指示表，为操作者提供详细的工作指导。

新工艺的实施

拟定新工艺实施方案后，即可考虑将尽可能多的想法付诸实践，并完成新方法培训。实施过程中，可借助新工艺核实卡（如图 7-4 所示），逐步核实新工艺实施情况。

新工艺核实步骤：

1. 与操作者讨论考查新的工艺。
2. 观测周期时间，注意到任何问题的存在。
3. 检查任何可能的安全问题。
4. 在适合的地点是不是有足够的在制品。
5. 完成标准工作组合表。
6. 详细说明各项实施的改善，确定改善的成本。
7. 计算所有节省的项目，包括部门运输、操作者的移动、输出时间占用面积、操作人员的节省等。

图 7-4　新工艺核实卡

在这一过程中得到的信息，可以用来准备报告陈述，然后进行标准工作指导的定案。

实施报告的提交

通常情况下，可以通过开展新的 5S 调查，来与最初的 5S 条件进行比较，继而完成最终的报告。报告陈述中应包括各类新旧工艺所需的条目，如：工艺设计分析表、标准工作表、生产能力表、节拍时间的计算、车间布局图、流程布局表、每个操作者或岗位的标准工作组合表、解释改善的示意图、前后的一些视频或数码图像，以及额外的观测等。

改善小组长要注意剔除琐碎内容，强调重点，这样才有利于每个人理解报告内容，并有助于对报告陈述时间加以有效控制。

改善实施之后的管理

改善项目实施完毕，并不意味着改善随之宣告结束。此后，仍然有很多事情有待完成。

（1）庆贺。在完成了一个复杂而艰苦的项目之后，应好好庆祝，并为配合项目的实施给每位成员发放一些特别的礼物（如统一的帽子、衬衫，以及证书、奖金等）作为奖励。

（2）后续清单。对那些将要完成而尚未完成的事情，改善小组要将这些事项放在后续清单上，并在一个月内彻底完成。只有清单上的所有内容都执行完毕，才能准确预测出项目是否取得成功。

（3）召开执行小组会议。庆祝活动结束后，执行小组成员应再次集合在一起，详细回顾整个项目运作过程，审查第一手资料，继而探寻进一步改进的可能性。

（4）与经营者的交涉。项目完成后，项目小组组长要在接下来的一周内，与会受到该改善项目影响的运营者取得联系，询问经营者对此类改变的评价，将经营者也吸收到改善活动中来。

（5）不断交流。在项目完成一个月后，改善小组要公布改善效果，展示改善活动中获得的经验。这些经验总结需要形成文件，并且每 12 个月发布一次。通常情况下，改善项目越被关注，其取得的进步就越快。

很多改善者在改善活动稍见成效时便中断了改善活动，这往往使得改善成果因此被迅速打回原点，白白地浪费了先前投入的改善资源。因此，改善项目实施之后决不可忽视上述管理活动，这是使改善成果巩固的制胜法宝。

企业全方位的改善评估

评估改善成果往往是许多经营者和改善者最急于操作的一件事。在这一环节，最常出现一个问题：就是对改善成果的评估不够客观，失于片面。针对这一问题，我们这一节就来讨论一下如何实施全方位的改善评估。

通常情况下，企业运作主要涉及三大要素：一是人，二是材料，三是工具和机器。所以，在作出改善评估时，也应从这三大要素出发，进行全方位的评估。

具体而言，我们可以从人员、材料、机器加工这三大类中分解出若干个重要因素，然后与战略计划中的目标任务作平行比较，通过给每个标准打分，来判定企业的改善成果。

以对人这一要素的改善为例，我们可以制定"工作智能管理体系表"，列出改进措施的清单，并作为评估标准，如表 7-7 所示。

表 7-7　工作智能管理体系表

因素\分值标准	0分	1分	2分	3分	4分	5分	得分
5S	外部人员无法为在任何区域所发生的事件作出决定	地面脏乱，制度混乱，在制品泛滥	厂房使用区域划分线和标记，但未组织材料，公告栏仅使用了一部分	区域划分线比较清晰，材料放置规范，公告栏得到了较好使用	现场有序、干净，开展了正常的5S活动	每个区域都非常有序、干净，5S活动开展已形成规律	

续表

标准 分值 因素	0分	1分	2分	3分	4分	5分	得分
消除浪费	浪费现象明显，没有保持改善成果的迹象	在厂房范围内开始消除浪费的活动	追踪和张贴进度情况	追踪浪费并张贴结果，意识到公司范围内的浪费	追踪并张贴消除浪费的结果	已看不见浪费现象，不断张贴节省情况	
拉动体系	库存物品散放在仓库中，没有发货需求	通过拉动系统来掌控生产日程	刺激拉动系统，将仓库中的材料用于生产	在一些生产中使用看板，生产规模减小，并每天调整日程	普遍使用看板，使规模控制在节拍时间的范围内，无过多在制品	通过看板来完成工作，快速换模，无过剩材料	
快速换模	转换过程超过12h，并需要再做极大的调整	转换过程不到12h，但需要进行较大的调整	转换过程需要4～6h，并且在投入生产前需要进行较大的调整	转换过程在4h内，只需稍做调整即可	转换过程在0.5h内，几乎不必再做调整	转换过程在10min内完成，无须再另做调整	
生产节拍时间	批量生产，交货期经常延误，在制品过多，日程表较为混乱	批量生产，在制品过多，日程安排经常被紧急任务打断	月生产日程表需每周进行调整，在制品过多	月生产日程表需做很小的调整，在制品减少	日程安排是按顾客需求来计划的	节拍时间采用日程制，不断追踪并按时发布	
标准化	加工、工艺、机械等方面均未实现标准化	部分机械加工、系列产品和工艺流程会标准化	机械加工标准化，生产工艺水平取决于生产人员能力的高下	公司设有标准化制度，开始使用标准工作组合表	所有生产人员都会使用标准工作组合表	一切工作都有对应的标准化工艺和报告，形成精益文化	
自动化	所有工艺均转向高产，对"人与机器"的概念不了解	工艺转向高产，自动化过程很少，手工操作被分离出来	整个厂房区域内均实现了自动化，但效果不佳	机器会生产出坏部件，手工操作与机械操作分离；一人只能操作一台机器	当产出坏部件时，机器可停止运行；一人可以操控多台机器	机器自我调节，无坏部件产出，可实现自动装配和拆卸	

续表

标准因素＼分值	0分	1分	2分	3分	4分	5分	得分
防错装置	材料按常规方法使用，未采取预防措施来减少缺陷产品	在工作区不通报错误情况，仅要求生产人员生产出好产品	在厂房贯彻防错机制，但没有官方政策，生产人员完全按自己的方法操作	对重要员工做正式防错培训，追踪错误，以得到好的结果	所有生产人员加强防错训练，追踪错误，得到改进	所有新设计的部分都有防错装置	
组队	从不组队，所有员工各自操作，无交叉训练，无多步任务	临时组队进行手工操作，但未进行正式的团队训练	监督员决定如何组队，员工和管理层很少得到正式训练	公司出台政策要求组队，但无公司范围内的正式项目	公司政策上支持组队，在实施前提供正式的培训	100%组队，提供正式培训，并成为公司文化	
改善建议	从来不提及有关改善的事项	没有改善想法，不跟踪进度，未正式提出过建议	鼓励员工提出建议，但无正式改善项目，故而执行不善	适当时会提出正式建议，并执行和追踪执行情况	由专门的管理者来实施改善建议项目	全面执行建议项目，人均提出30个建议	
安全	每年都有许多事故发生，存在作业危险区	偶尔会发生事故，在操作中没有基本的安全意识	仅发生一些小事故，缺少安全意识	公司有安全政策，对前摄性事故有防范措施	所有员工都参加安全培训，并已养成安全操作的习惯	至少有6个月未发生事故	
						小计	
						小计×1.67	

在材料、机械加工方面，同样可以按照这种模式来分别设置评估项目。对于材料，可以从供应链、WIP（在制品）标准、看板、及时交付、单件流、供应商质量、供应商改善氛围、供应商表现、生产能力设计、供应商成本、环境影响、供应改进等因素进行评估。而对于机械加工方面，则可以从工艺设计、开支、质量、全员生产维修、文书工作、技能提升、工艺检验、机器状态、预生产计划、生产评估、技术风险管理、全局设备效率等因素进行评估。

三方面评估总分为 5 分，每方面各占 1.67 的权重。所以，小计得分后再乘以 1.67，即为单方面的评估分值。

　　通过上述评估，即可全面了解企业的协同作业情况和改善水平，以及接下来需要做什么改善才能完成企业的管理目标任务，而这里列明的各种因素也会成为人们未来实施持续改善的首要关注点。

　　需要特别强调的是，虽然改善评估是针对协同作业模式的效果而进行的，但是评估本身也需要发挥协同作业才能更容易操作。故而可以说，协同作业模式在改善中是必不可少的一项工具。

第8章
改善要实现企业的全面进步

　　企业改善不应该仅限于微小的节点或问题，这种改善是狭隘的。作为一位致力于持续改善企业运营状态的改善者，更重要的是思考并引导企业上下实现全面进步。这种进步应该覆盖生产制造、价值、成本、市场等各个方面，是一种一体化的完美蜕变。

放开改善视野，选对改善时机

通常情况下，企业改善限于生产现场中各类细节的改善，包括以大野耐一在内的精益管理大师都在不遗余力地强调小改善之于企业进步的重要价值。

不过，这并不意味着企业进步必须从小处入手或始终停留在细节。恰恰相反，对于一个真正有志于持续改善的企业，更应具有一种大的格局，能够放开改善的视角，从更广阔的角度去发现企业管理的改善点，使企业管理水平日益提高。

前文提到，2012 年 1 月 19 日，柯达向法院递交自愿破产申请，柯达的辉煌时代一去不返了。在更多人的眼中，柯达之所以走到这一步，主要因其在胶片业务上的过分执着。其实，柯达也曾尝试过进行业务改善，也曾参与到数码技术变革的浪潮中，只是这些反应迟钝的改善并不足以支撑柯达实现全面的进步。曾经的固执再加上后期不力的改善，最终导致了柯达百年沉浮后的陨落。

将改善的视野放大

企业改善不可局限于内部，更要不断适应外部消费需求的变化，从而将改善的范围极力放大。

2000 年年底，市场上的胶卷需求开始停滞。但是，一直以胶卷业务为主、数码产品为辅的柯达，在面对"自 1997 年后除 2007 年一年外，再无盈利记录"的财务数据，以尼康、佳能为代表的日本企业在数码影像的狂潮中筑坝扎营时，虽然决定实施业务转型，但并未放弃胶片业务。柯达的胶片部门毅然决然地在坚持开发专业胶片产品线，并相继推出了包括 Ektar 100、Portra 160 及 Portra 400 在内的新型产品。不过，这些胶片业务的改善并未如预期的那样挽救柯达的市场。

柯达对传统胶片业务的执着追求，令柯达与消费者的大众化需求背道而驰。当消费者开始热衷于数码影像技术，众多数码电子产品生产商转型生产更为先进的数码相机时，柯达却仍然过度自信地满足于其在传统胶片产品的市场份额和垄断地位，局限于同类产品的改善和创新，焉有不败之理？

选对时机实施大改善

百余年来，柯达并未间断过进行小改善，这是很多百年企业的共同特点。不过，柯达的改善点却长期集中于胶片方面，对于数码技术方面的改善更近似于闲暇之时的一种调剂。这种改善的态度使柯达在这个依赖数码技术逐鹿的时代里显得越来越不合时宜，最终也因难以发出吸引消费者视线的充足光源而一步步走向衰败。

事实上，如果柯达早年能够更快地发现外部需求的变化，更早地倾尽全力进行产品业务转型——集中研发数码技术，那么它的结局也许会好得多。

言及至此，相信管理者应该已经认识到以下要点：

> 在一些外部因素的侵袭下，企业内部作出的微小改善有时可能不足以推进企业实现全面进步，这时就需要管理者毅然决然地放大改善的视野，为企业谋求一条更好走的发展路径。

如果企业管理者已经做好了心理准备，那么他会更容易对竞争环境作出最契合实际的判断，更有效地测试企业自身和竞争对手的真实能力，同时也能更准确地验证企业是否能够经受得住竞争对手或者其他非正规手段的冲击。当然，更重要的是，还可以将企业从自我满足状态中拖拽出来，帮助企业在市场和竞争中寻得清晰的生存路径。

要制造商品，而不是生产产品

改善视野的放大，从某种程度上也对制造本身提出了新的要求——改善的对象已不能仅仅局限于生产产品，而应该是制造能够为顾客所接受的商品。

1936 年，日本政府出台了以保护国产汽车为目的的《汽车制造事业法》。当时，丰田喜一郎留下了这样一段话：

"该法律的颁布，虽然防止了毫无意义的价格竞争，但也因为这部法律，国产车的价格会变贵，对此我表示非常抱歉！为了让国产车发展，也必须要让需要的人买得起才行！"

如果仅仅是基于爱国之心而提高汽车售价的话，那么最终结果必然是被顾客所抛弃。而就在日本的汽车产业尚不知何去何从之时，丰田喜一郎就意识到了产品价格一定要被市场、被顾客所接受。从他的这段话中，我们可以清楚地看出他要提供质优价廉的汽车的宗旨。

把"产品"变成"商品"

什么是商品？它与产品是有所不同的。大野耐一曾将二者加以明确的区分：

一些企业常常喊着"要打入市场"的口号，但实际上却在不断地制造"产品"。这些被制造的物件最终很难顺利到达顾客面前，而仅仅是一些被直接存放于仓库的积压品而已。需要注意的是，无论商品是否直接面对最终消费者，都必须切实满足后一工序的需要。只有这样，才能解决价格和库存的问题。

未有市场去向的产品，被称为"产品"。
市场去向已然被事先确定的产品，则被称为"商品"。

其实，这不只是制造业内人士才会关注的问题，所有行业都是如此。如果所生产的产品并非顾客所需，那么这件产品的生产过程便不能被称作有效的工作；如果服务不能令后道工序的人员和企业满意的话，那么这道工序不过是在制造垃圾。

因此，人们要认真地倾听后一道工序究竟需要什么。只有这样，才会努力提供真正被需要的产品或服务，如此提供的产品或服务才会成为"好的商品"。

某位开始采用丰田生产方式的企业管理者如是说："以前一直都在进行没有目的的生产，虽然生产了产品，但是实际上只是在浪费时间，为了填充仓库而已。自从有了清晰的客户意识，我们便开始致力于改善不断变化的前工序和后工序。虽然曾有一段时间感到非常艰苦，但是现在已经能够真实地感受到制造带来的喜悦了。"

将产品变成好商品的途径

要让产品变成好商品，需要经过一定的路径。

要知道，当一件产品满足了顾客需要，具有一定价值，顾客愿意以一定价格购买时，这件产品才真正成为一件好商品。而如果价值不变，而价格却以各种理由上涨了（比如，生产成本上涨所以价格也随之上涨），那么这件商品对于顾客而言并非好商品。

> 一件好商品的价值体现并不是简单的"成本＋利润"，而是能够在保证质量的基础上，降低成本或创造更多顾客所需的价值。这也是让产品变成好商品的基本思路和途径。

当然，在顾客的眼中，一件好产品未必能成为一件好商品。在企业运营过程中，除了产品技术因素外，还有太多的影响因素，如市场、销售、法律法务、管理、劳资关系等，任何一项短板都可能毁掉产品技术上的优势。

因此，改善者在对商品制造过程作出改善时，还应具有综合考量的意识，从各个方面应用改善技术，让商品真正为顾客所需，让一件好商品能够顺利地被送到顾客的手中。

要整体成功，而不囿于单点收获

为了制造更好的商品，企业往往会竭尽全力地采取改善措施——在工作环境、工作效率、产品质量、生产成本、作业安全等各个方面，在制造、库存、返修、操作动作、加工、等待、搬运、重复加工以及管理等各个环节，只要可能存在浪费，那么都将成为企业改善的切入点。

单点改善只是正式改善的一部分

所有改善活动都集合了无数的单点改善，但是，单点改善的成功并不意味着企业整体改善也会取得成功。

以处理节拍瓶颈为例，面对流程低效运作，每位操作者和管理者都会心急如焚。但是，如果不关注整体运作效果而全力改善某一处节拍时间，那么，有时候反而可能因局部节拍过剩而造成等待的浪费，如图8-1所示。

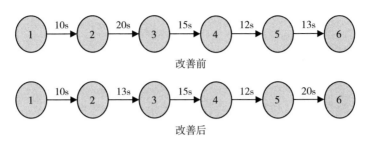

图 8-1　节拍改善的前后

如图 8-1 所示，改善前第二工序所用时间为 20s，第一工序时间 10s，第三工序所用时间为 15s，这便导致在第二工序便存在大量的在制品积压，而第三工序又需要花费大量的时间来等待。所以第二工序便成为该流程中的瓶颈环节。

于是，对该工序作业内容进行了调整，各环节将一部分工作内容向下一道工序顺延处理，而到了最后一道工序处，作业时间则由原来的 13s 变为 20s。

单看第二工序，其作业效率确实有了很大的提高，但是整个工作流程的运作周期却并未发生根本性改变——仍然是 70s。

因此，在改善中找到病灶和切入点是非常必要的，但改良病灶仅仅是改善活动中的一个环节。如果将视角仅限于这一点，反而可能造成局部改善、整体失利的局面。

点面协调，才能实现整体成功

真正的面向企业的改善，必须具有"从全局考量"的视角，以一体化的思维导向，来制定改善方略，平衡改善效果，实现整体最优化。

仍以上面的案例为例。通常情况下，人们在梳理流程节点时，习惯于聚焦某个瓶颈，集中加以突破。但是这种方法最容易造成我们上面描述的情况。事实上，最有效的改善方法是从整体出发，协调整个流程中各环节的运作情况，所实施的改善措施能够使整个流程的运作效率得到提升，这才是真正意义上的有效改善。

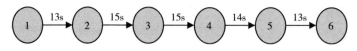

图8-2 有效的节拍改善

如图8-2所示，将从第二工序分出来的操作少量地分给第一和第三工序，而第三工序则将该工序的一部分操作转移至第四工序，以此类推，各工序的操作时间均进行了调整。这种改善方法使整个流程的节拍趋于同步化，总周期为15s，而各工序的操作时间也不至于太过于紧张或总是处于等待状态中。

不仅生产流程改善应注意整体性，其他方面的改善（如供应链运作效率改善、企业运营成本改善等）也是如此。

以供应链的运作效率改善为例，企业通常会将改善的重点放在生产部门的绩效上。但是，采购部门的采购不当或采购不及时却往往使已被提高的生产效率无法体现，而物流部门的效率过低或过度运输又可能造成生产等待或物料积压，无形中反而加剧了浪费。

故而，采购部门、物流部门的作业情况同样应被列为改善的重点——采购部门需要在保证采购质量的前提下改善交期，实现实时供应；物流部门需要确保实现物料零堆积。

当各部门或单位之间能够互相协调运作时，既不等待也不积压，便可实现即时性供应，如此供应链的整体效率才会切实提高。

因此，作为改善者，决不可耽于单点的进步和收获，而要用整体的眼光去看待改善，去推进企业的全面改善，这样的改善才是真正有益于企业全局的改善。当然，在进行整体性改善的同时也必然给单点带来相应的改善。

实现高质量是最基本的原则

在企业全面改善的过程中，质量始终是一个不可或缺的要素。事实上，如果企业要改善，质量必然是中心要素。打个比方，如果企业生产的产品质量不好，那么营销就无从谈起，满足顾客的需求也就成了一句空话。所以，企业必须先做好质量工作，然后才可能谈其他经营改善性话题。这是改善活动中必须严格遵循和坚持的最基本原则。

一位经理负责管理一家减音材料制造工厂，并为丰田公司供货。他的老师教导他采用丰田生产方式，并实行安灯制度，以便于立即检测出产品质量问题。于是，这位经理要求工程师效仿丰田所使用的安灯制度，悬挂识别灯控制箱，与操作员控制按钮直接相连。

当那位老师造访此工厂时，这位经理骄傲地展示了该工厂所安装的安灯。没想到老师摇着头说道：“你没有理解我的意思，请跟我来。”

随后，他把这位经理带到一家五金行，找了一面小红旗、一面小黄旗、一面小绿旗，然后把这些小旗子交给经理，并对他解释道：“实行安灯制度并不是购买一项时髦的技术，唯有让员工知道‘使问题浮现以便快速解决问题’的重要性，安灯制度才能真正奏效。”

除非企业已经设置了解决问题的有效流程，且员工能够严格遵循此流程，否则，花费大量资金来引进高新技术，最终并不会对改善产生实质性的正面影响。

一些企业管理者和改善者往往以为引进新技术是对待问题、解决问题的最佳方法，而实际上，像丰田公司这样“先使用人员与流程来解决问题，再以技术来补充及支持人员”，才更易于提高企业管理的质量水准。

笔者曾在一家企业改善的咨询活动中遇到这样的情况：该企业在改善

初期尝试仿效丰田公司的领导者制度。在这种制度中，领导者的主要工作是支持团队成员。可是，在这家公司的实际改善过程中，领导者却经常待在自己的办公室里，操作人员按下安灯按钮后，根本没有人会在现场立即作出响应。

后来，笔者建议该企业建立一套更为成熟的制度，安装了位置固定的安灯。当有员工按下安灯后，生产线会继续运转直至在线的汽车进入下一个工作站为止，然后，生产线就自动停止于某个定点。如此一来，生产线停转的成本就变得非常高。

作出这样的改变后，该企业上下马上意识到：唯有人们确实遵循标准化的工作流程、及时地运送材料至工序点、严格遵守工作纪律，而领导者也能够对问题快速作出响应，那么安灯制度才能真正地发挥作用。

仔细观察会发现，在这种改善模式中，企业不断地强调着一个关于质量的主题：质量是企业全体员工的责任，企业要给顾客提供优良的产品或服务质量。而且，这种质量是不打折扣的，因为只有提高产品或服务的质量，企业才能持续生存、继续盈利，员工才能继续留在企业中与企业一起发展。

这种改善模式所承载着的是企业在改善方面秉持的文化理念——懂得适时暂停或放慢脚步，先确保品质，才能促进长期的生产力取得发展。换言之，改善模式的所有层面（包括理念、流程、伙伴、解决问题等），都应该是为了实现高质量而设置的，实现高质量则是企业全面改善的最基本原则。

成本降低与质量改善是相容的

虽然人们已然认识到质量改善的必要性，但是在质量改善之初，仍然有一些人并不愿意参与其中，甚至还会特意为质量改善活动的推行设置重重障碍。为什么会出现这种情况呢？这主要是因为人们头脑中存在"质量改善会增加成本"这类的认知错误。

"质量改善必然会花费大成本"

以在高级豪华汽车市场的国际性竞争为例。假设有一家公司仍采用老观念，认为较好的质量就必须支出较多的资金，公司保证质量的主要方式是"用买更昂贵的机器和测试设备，以及雇用更多的人，去处理修补和检查之事"。这家公司拥有世界级质量的声誉，但是它的产品售价却很高。

再假设有另一家新公司冒出来成为它的竞争对手，这家公司认为更佳的质量及更低的成本是可以并存的，而且能成功地提供与第一家公司相同或更佳的质量，但成本却更低。那么，此时第一家公司该如何去迎击新的对手呢？

这实际上是许多公司如今所面对的真实的、迫在眉睫的危机，然而这些公司仍然抱持着过时的观念：质量改善必然会花费大量的成本，而降低成本才是第一位的，所以质量改善是不兼容于成本改善的。

于是，一些企业面对低成本需求时，会选择放弃对产品质量的要求；而意图借用捷径来削减成本，典型的行动包含：解雇员工、组织重整以及剥削供应商。像这样的成本削减，必定会损害到质量，导致质量的恶化。这显然是一种企业发展理念不成熟的体现。

以质量改善为前提的成本降低

其实，实现高质量与低价格，虽然这两个需求看似永远无法兼顾，但在一种情况下却是可以相容的——就是通过提高产品技术水平来降低成本。

我们知道，大多数产品的主要成本其实是研发成本，它对产品上市周期和终端成本有着直接影响。此时，如果企业能够致力于产品技术创新，来提高技术支持的效率，将使整个产业链的研发成本降低。

近期，市场调研机构公布了 2021 年全球手机市场的数据。数据显示，2021 年，三星手机的市场份额为 18.9%，位居全球各手机厂商的首位。三星手机实现销量领先的一个重要原因就是其强大的价格优势。而三星手机的价格优势主要来源于其不断垂直整合零件技术，三星在面板技术、内存、处理器、芯片、相机、电池等各个手机模块都采用了创新技术。通过整合这些创新技术，三星打造了诸多受消费者青睐的"高性价比"产品。

由此可见，产品质量的改善并不意味着产品生产成本也要跟着水涨船高，产品成本降低也不意味着必须以损害产品质量为前提。只要企业能够提出恰当的改善方略，抗拒"削减质量以降低成本"的诱惑，那么让二者兼收并蓄的改善是完全可以实现的。

当然，在企业改善过程中，降低成本的机会并不仅限于改进产品质量，诸如改进生产力、减少库存、缩短生产线、压缩停机时间、缩减空间和降低生产交期等消除浪费的各种努力，也都可以帮助降低改善成本。而这场推进企业全面改善的活动，也必然会推动企业的全面进步。

把握市场的脉搏，引领市场风向标

最后，我们还要强调一个问题——与外部市场的对接问题。企业处于市场大环境中，而市场环境是变幻莫测的。为了能够在市场环境中更好地发展，企业在以一种大视野来圈定改善范围，关注制造、关注整体，推进高质量、低成本改善的同时，还必须谨记一个重要的改善目标：迎合市场变化，力争引领市场发展方向。

迎合外部市场，找准改善方向

企业只有关注市场环境变化，才能找准自身运营与改善的方向，才能生产或提供为市场所接受的产品或服务。

随着手机市场的迅猛发展，消费者对手机的外观、性能、体验等越发"挑剔"。各大运营商都在不断改善，追求极致的用户体验，以赢得市场。小米公司于 2010 年成立，并于 2011 年发布一款高性能发烧级智能手机。2021 年，小米智能手机冲进全球销量前三。短短十年，小米就取得了傲人的成绩。成绩的背后是小米十年如一日地持续以客户为中心升级产品。

2021 年 12 月 28 日，在小米的新品发布会上，小米董事长兼首席执行官雷军宣布以"双尺寸双高端"来对标苹果。这意味着未来小米将对标苹果，持续改善，冲击高端手机市场。雷军在发布会上表示："我们要想超越全球的科技巨头，先得一步一步地来。我们第一步先选了在销量上超越，第二步我们决定在产品和体验上要旗帜鲜明，正式提出对标苹果，向苹果学习，在未来一段时间里一步步地超越苹果。"此次发布会上，小米发布的小米 12 Pro 也成功对标苹果，在续航、拍照、动态刷新率调节等功能上均有较大改进。

众所周知，苹果手机一直是引领手机市场潮流的，也深受消费者的追捧。小米宣布对标苹果，一定程度上也体现了小米迎合外部市场需求，持续升级产品，以引领市场的决心。

可见，企业在作出改善前，必须摸清当前市场需求。市场需要什么，企业就朝哪个方向改善。因此，企业要做好充分的市场调查。

这类调查主要是了解市场对某种产品或服务项目的长期需求态势，了解该产品和服务项目是逐渐被人们认同和接受，处于需求前景广阔的状态，还是因逐渐被顾客淘汰而处于需求萎缩的状态。

然后，基于这个调查结果，再设计、改善产品或服务质量，这样的产品或服务才更具有竞争力，企业才能有力地把握市场的脉搏。

在改善的基础上成为市场标杆

一次改善可以帮助企业改善当前的窘况，实现或大或小的进步；而持续不断地多次改善，则可以助推企业持续朝着越来越好的方向发展，甚至在一次次进步的基础上逐渐成为市场上的标杆。

1987年9月，华为通信技术有限公司成立。在刚刚成立的两年里，华为公司的主要业务是代销香港康力公司的HAX模拟交换机，赚取中间差价。可以说，这是一种既无风险又能获利的方式。但是，在上百家从事电话交换机贸易的企业群体中，华为公司是毫不起眼的，随时都可能被多如潮水的竞争对手所淹没。

两年后，华为作出了改变——开始研制小型程控交换机，以期逐步摆脱对境外供货商的依赖，使公司得以独立自主。至C&C08万门程控交换机被研制成功后，华为由代理商一举转型为电信设备制造商。

2003年后，华为的研发技术逐渐转向合作开放、互利共赢的现代研发模式，与沃达丰Vodafone、英特尔Intel等公司建立了伙伴关系，研究内容更是覆盖了服务软件、平台接入、手机终端等各方面，华为的研发实力实现了跳跃性增长。

作为一家电信通信设备商，华为始终保持着强烈的危机意识。2010年，面对IT领域和CT领域融合的趋势，华为第一次提出"云、管、端"一体化战略，对公司整体战略进行重大调整，从单纯的CT产业向整个ICT产业扩展，打通网络管道，形成云、管、端三位一体化。

经过多年的改善与发展，华为已经成长为行业标杆。根据市场研究机构Dell'Oro Group发布的全球整体电信设备市场报告显示，2021年上半年，在包括宽带接入、微波与光传输、移动核心网和无线

接入网（RAN）、SP 路由器等在内的电信设备市场，华为的市场份额领
先全球。

凭借不断的自我改善，华为的竞争力得到全面提高，逐渐成为市场引
领者，而其发明、制造的各类产品也逐渐成为市场同行业者争相模仿、学
习的对象。

总之，一个企业要想成为市场中的标杆型企业，获得同行业者的认可
和尊重，就必须在过去已取得成绩的基础上持续地作出改善，完成令人敬
仰的业绩，展现自己可以引领市场的能力和姿态。

参考文献

[1] 米卡. 改善：丰田式的高效执行秘诀 [M]. 赵海青，译. 北京：机械工业出版社，2009.

[2] 今井正明. 改善：日本企业成功的奥秘 [M]. 周亮等，译. 北京：机械工业出版社，2011.

[3] 今井正明. 现场改善：低成本管理方法的常识 [M]. 周健等，译. 2 版. 北京：机械工业出版社，2016.

[4] 大野耐一. 大野耐一的现场管理 [M]. 崔柳等，译. 北京：机械工业出版社，2016.

[5] 酒卷久. 心在工作现场 [M]. 涂珊，译. 4 版. 北京：东方出版社，2010.

[6] 酒卷久. 为自己而工作 [M]. 杨小青，译. 北京：东方出版社，2007.

[7] 莱克. 丰田汽车案例：精益制造的 14 项管理原则 [M]. 李芳龄，译. 北京：中国财政经济出版社，2008.

[8] 莱克，梅尔. 丰田人才精益模式 [M]. 钱峰，译. 北京：机械工业出版社，2016.

[9] 若松义人，近藤哲夫. 丰田员工力 [M]. 李晨，译. 北京：东方出版社，2011.

[10] 三木雄信. A4 纸工作法 [M]. 张海燕，译. 天津：天津教育出版社，2009.

[11] 坎贝尔，坎贝尔. 新版一页纸项目管理 [M]. 王磊，胡丽英，译. 北京：东方出版社，2018.

[12] 兰卡斯特，亚当斯. 精益管理的日常实践：通向持续改善之路 [M]. 崔德理，译. 北京：人民邮电出版社，2018.

[13] 周锡冰. 丰田式成本管理 [M]. 北京：东方出版社，2020.

[14] 兰海. 精益改善 [M]. 北京：中国宇航出版社，2016.

[15] 李科，王润五，肖明涛，张林. AI 时代重新定义精益管理：企业如何实现爆发式增长 [M]. 北京：人民邮电出版社，2019.